French Grammar Practice

for

Ambitious Learners

Beginner's Edition I,

Basics

M. Rodary

Impressum:

The content of this book has been produced to the author's best knowledge and ability. Even so, mistakes and lack of clarity may exist. The author does not guarantee correctness, completeness or quality and cannot be held responsible for damages of any kind that may be caused by using this book and its content.

To make suggestions or report errors please use the **contact form of the website**.

https://ambitiouslearners.jimdo.com

French Grammar Practice for Ambitious Learners – Beginner's Edition I, Basics
ISBN 978-3-948122-01-0
Copyright © 2014 by Miriam Rodary; all rights reserved.
2019 for the present edition
(Details see last page)

Table of Contents

Preface: Is this the right book for you?

This book offers:

=> beginner's knowledge explained step by step;
=> exercises with solution keys;
=> a gradual increase in difficulty in each chapter; and
=> translations of the examples and translated vocabulary for each exercise.

Are you a real beginner?

This book has been written for you. Use it in addition to your course to practise on your own – choose the exercises that suit your needs.

You are not a beginner, but you want to make a fresh start?

You have forgotten a lot and you want to reactivate your skills? This book has been written for this purpose too.

An exercise for each learning step:

In each chapter of this book the level of difficulty of exercises increases slowly. **Choose which exercises suit your level!**
A. = Basic explanations, easy exercises.
B. = Explanations and exercises that build on the explanations in A., a bit more difficult.
C. = Even more difficult.
And so on.

When you have finished this book:

Well done! You have mastered the basics and are now ready to take on more advanced subjects related to verb tenses and complex sentences. **If you liked the structure of this book**, please note that there is a second book with the same structure covering the rest of the fundamentals: *French Grammar Practice for Ambitious Learners – Beginner's Edition II, Tenses and Complex Sentences.*

Are you an advanced learner?

The Beginner's Edition books follow a step-by-step approach. If you are an advanced learner and would prefer a one-volume book which offers a condensed yet complete overview of French grammar, take a look at *French Grammar Practice for Ambitious Learners – Advanced Learner's Edition*. It contains a proficiency test to determine which topic to improve first, an overview of the fundamentals, additional paragraphs to extend your knowledge and lots of exercises along with their solutions.

Was this book useful to you? Then support it by writing a review!

Reviews are important for people who are interested in buying books. They also are very important for books to reach new readers. If this book was useful to you, consider writing a recommendation at your online retailer or wherever you see fit. Verbal recommendations to friends also are welcome. Thank you for your support.

Already available in this series of books:

French Grammar Practice for Ambitious Learners - Beginner's Edition II, Tenses and Complex Sentences
Follow-up to Beginner's Edition I covering the remaining fundamental yet more advanced topics. Intended for anyone who has started to learn the *imparfait*.

French Grammar Practice for Ambitious Learners – Advanced Learner's Edition
A large volume that offers a proficiency test, a complete overview of the fundamentals, additional paragraphs to extend your knowledge and lots of exercises along with their solutions.

In progress:

A large table of verbs for quick reference (conjugations and complements of verbs with examples) and a book to acquire and practise basic vocabulary.

=> When books are available, they will be listed at **https://ambitiouslearners.jimdo.com**; there you can also sign up to be on a mailing list to get notified about new releases.

1. Articles

A. Definite and indefinite articles

A1. Definite articles

In French there are masculine (m.), feminine (f.), singular (sg.) and plural (pl.) articles.

	sg.	pl.
m.	**le** livre *(the book)*	**les** livres *(the books)*
f.	**la** table *(the table)*	**les** tables *(the tables)*
before a vowel	**l'**ami *(the friend)*	**les** amis *(the friends)*

If the next word starts with a **vowel**, le and la are both shortened to l'.
> *Examples:*
> une idée (f.) => l'idée *(the idea)*
> un arbre (m.) => l'arbre *(the tree)*

This happens also if the next word starts with a silent h (you do not pronounce any h in French, but the "h aspiré" takes le and la).
> *Examples:*

silent h	**"aspirated" h**
l'hôtel *(m.; the hotel)*	le héros *(the hero)*
l'hôpital *(m.; the hospital)*	le haricot *(the bean)*
l'histoire *(f.; the story)*	la haie *(the hedge)*

=> Learn nouns with their articles!

Exercise A1.
Add the appropriate definite article. (solution p. 18)

Hint: Nouns ending in –s are plural.

1. Nadja aime _____ mer (f.) et _____ été (m.).
2. Elle adore _____ sable (m.), _____ vent (m.) et _____ soleil (m.).

3. Elle aime aussi _____ crêpes (f.) et _____ abricots (m.).
4. _____ vacances (f.) en Bretagne, c'est super!
5. _____ famille (f.) de Nadja habite toujours à _____ hôtel (m.).

Vocabulary:
aimer qn./qc. *(here: to like s.o./s.th.)*, la mer *(the sea)*, et *(and)*, l'été *(m.; the summer)*, adorer qn./qc. *(here: to like s.o./s.th. very much)*, le sable *(the sand)*, le vent *(the wind)*, le soleil *(the sun)*, aussi *(also, too, as well)*, la crêpe *(the pancake)*, un abricot *(an apricot)*, les vacances *(f.; holidays, vacation)*, la famille *(the family)*, habiter *(here: to stay)*, toujours *(always)*

A2. Indefinite articles

	sg.	pl.
m.	**un** livre	**des** livres
	(a book)	*(books)*
f.	**une** table	**des** tables
	(a table)	*(tables)*

Did you notice the difference between the French and the English usage concerning the plural?
  English: I'm eating noodles. (=> no article)
  French: Je mange **des** nouilles (f.).

Exercise A2.
Add the appropriate indefinite article. (solution p. 18)

1. Au petit-déjeuner, je mange _____ croissant (m.).
2. Je bois aussi _____ tasse (f.) de café.
3. Maman mange toujours _____ fruits (m.): _____ oranges (f.) et _____ pommes (f.).
4. Elle boit _____ verre (m.) d'eau.

Vocabulary:
le petit-déjeuner *(the breakfast)*, manger qc. *(to eat s.th.)*, bois/boit => boire qc. *(to drink s.th.)*, aussi *(also, too, as well)*, la tasse de café *(the cup of coffee)*, les fruits *(m.; fruit, the fruits)*, la pomme *(the apple)*, le verre d'eau *(the glass of water)*, l'eau *(f.; the water)*

A3. Definite or indefinite article?

Definite articles:
They are used for things which have already been mentioned or which are known.

> *Examples:*
> the sun => le soleil
> the neighbo(u)r's dog => le chien du voisin *("du" 1 B., p. 11)*

In French, definite articles also have a generalizing function.

> *English:* I like apples.
> *French:* J'aime **les** pommes.
> *English:* Fruits are expensive.
> *French:* **Les** fruits sont chers.

Indefinite articles:
They are used for **indefinite** or **unknown** but **countable** things.

> *Examples:*
> I'm looking for an idea. => Je cherche une idée.
> I'm looking for ideas.   => Je cherche **des** idées.

Exercise A3.
(a) Add the appropriate article. (solution p. 18)

1. M. Martineau aime _____ café (m.).
2. Au petit-déjeuner, il boit toujours _____ tasse (f.) de café au lait.
3. M. Martineau aime aussi _____ quiches (f.).
4. Au déjeuner, il mange toujours _____ quiche lorraine (f.).

(b) Translate:

5. I'm looking for the keys. (clés, f.) => Je cherche _____.
6. I'm looking for the key. (clé, f.) => Je cherche _____.
7. I'm looking for a key. => _____.
8. I'm looking for keys. => _____.
9. Friends (amis, m.) are important. => _____ sont importants.
10. Bastien is a friend (ami, m.) of Marc. => Bastien est _____ de Marc.

Vocabulary:
le petit-déjeuner *(breakfast)*, le lait *(the milk)*, le café au lait *(coffee with milk)*, la quiche *(a tart with eggs and usually ham)*, le déjeuner *(lunch)*, chercher qn./qc. *(to look/search for s.o./s.th.)*

B. Definite articles and the prepositions à and de

When **à** or **de** are followed by **le** or **les**, the preposition and the article become **contracted**.

> à + le => au   Marc va **au** bureau.
>
> à + les => aux   Marc va **aux** toilettes.
>
> de + le => du   Amélie revient **du** bureau.
>
> de + les => des   Amélie revient **des** toilettes.

Vocabulary:
va => aller *(to go, aller à + place = to go to a place, see chapter 9 A., p. 112)*, le bureau *(the office)*, les toilettes *(the WC, the bathroom)*, revenir de + *place (to come back from a place)*

La and l' do not get contracted.
> *Examples:*
> Marc va **à la** bibliothèque. *(Marc goes to the library.)*
> Amélie revient **de l'**école. *(Amélie comes back from school.)*

Examples that demonstrate ownership/belonging:
> le chien **du** voisin *(the neighbo(u)r's dog)*
> l'entrée **de la** bibliothèque *(the entrance of the library)*
> la bibliothèque **de l'**école *(the library of the school)*
> la porte **des** toilettes *(the door of the toilet)*

! Watch out: While "des" looks exactly like the indefinite article, it is still a definite one – it only got contracted with "de" (de + les => des).

Exercise B.
Add the appropriate article and, if necessary, à or de. (solution p. 18)

Hint: Some verbs need a particular preposition. Just look at the vocabulary further below.

1. Bastien pose une question _____ boulanger (m.)
2. Isabelle aime _____ musique. Elle joue _____ piano (m.) et _____ guitare (f.).
3. Mme Dupuis travaille _____ bibliothèque (f.).
4. Le prof donne des devoirs _____ élèves (m.) et répond _____ questions (f.).
5. Les élèves rêvent _____ grandes vacances (f.). Mais ils sont _____ école (f.).

6. Benjamin regarde _____ film (m.) _____ télé (f.; *on TV*).
7. Ensuite, il raconte _____ histoire (f.) _____ film _____ enfants (m.) de la classe.

Vocabulary:

poser une question à qn. *(to ask s.o. a question)*, le boulanger *(the baker)*, jouer de qc. *(to play s.th.: musical instrument)*, travailler *(to work)*, la bibliothèque *(the library)*, le prof *(abbreviation of* professeur = *here: teacher)*, donner qc. à qn. *(to give s.o. s.th./s.th. to s.o.)*, les devoirs *(m.; the homework)*, un élève *(a pupil)*, répondre à qc. *(to respond/reply to s.th.)*, rêver de qc. *(to dream of s.th.)*, les grandes vacances *(the long vacation)*, une école *(a school)*, regarder qc. *(to look at s.th., to watch)*, le film *(the film, the movie)*, raconter qc. à qn. *(to tell s.o. s.th.)*, une histoire *(a story, a tale)*, les enfants *(m.; the children)*

C. Partitive articles and expressions of quantity

C1. Partitive articles

Partitive articles are a kind of indefinite article. Note the difference between the English and the French usage: In English either no article is used or some/any is used. These are the forms of the partitive articles:

de + definite article sg.

du (de + le)   Je mange du pain. *(I'm eating bread.)*

de la   J'achète de la farine. *(I'm buying some flour.)*

de l'   Je bois de l'eau. *(I'm drinking water.)*

! **Watch out:** While the partitive formally contains a definite article, its meaning is nevertheless indefinite!

Partitives mark **indefinite quantities of indefinite, non-countable things,** e.g., **substances** that are only measurable.
> *Examples*:
> de la farine *(some flour)*
> du sucre *(some sugar)*
> de l'eau *(some water)*
> de la viande *(some meat)*

This includes **abstract terms**:
> *Examples:*
> faire du sport *(to do sports)*
> écouter de la musique *(to listen to music)*
> avoir de la chance *(to be lucky)*
> avoir du courage *(to be brave)*

EXCEPTION:
After **sans** *(without)* there is no partitive article.
> *Example:*
> Je mange mon œuf **sans sel**, mais **avec du poivre**.
> *(I eat my egg without salt, but with pepper.)*

Distinguish:

Partitive article:
Est-ce que tu veux **du** café?
(*Do you want some coffee?* => an indefinite quantity of a liquid)
Definite article:
Non, je n'aime pas **le** café.
(*No, I do not like coffee in general.*)
Indefinite article:
Mais est-ce que tu as **des** biscuits?
(*But do you have some biscuits?* => an indefinite quantity of countable things)

Exercise C1.
Add the appropriate article. Complete with à or de if necessary. (solution p. 19)

1. M. Dupuis veut bricoler _____ étagère (f.; *shelf*) pour _____ balcon (m.) de _____ appartement (m.).
2. C'est pour mettre _____ fleurs (f.; *flowers*) et _____ plantes (f.) vertes *(green plants)*.
3. Il achète _____ planches (f.; *boards*), _____ peinture (f.; *peint*), _____ scie (f.; *saw*), _____ clous (m.; *nails*), _____ vernis (m. **sg.**; *varnish*) et _____ pots de fleurs (m.; *flowerpots*).
4. Avec _____ patience (f.) et _____ temps (m.; *time*), il bricole _____ joli petit escabeau (m.; *stool or stepladder*).
5. Maintenant, il met _____ pots de fleurs (m.; *flowerpots*) sur _____ marches (f.; *steps*) de _____ escabeau.
6. Il met _____ eau (f.; *water*) dans _____ pots. Sans _____ eau, _____ plantes dessèchent *(to dry out)*.
7. Finalement, il prépare _____ tasse (f.; *cup*) de thé avec _____ sucre (m.; *sugar*), _____ lait (m.; *milk*) et _____ biscuits (m.).
8. Il se met à _____ table (f.) _____ balcon (m.) et admire son œuvre *(his work)*.

Vocabulary:
veut => vouloir qc. *(to want s.th.)*, bricoler qc. *(to do odd jobs)*, pour *(for)*, le balcon *(the balcony)*, pour + infinitive *(in order to)*, mettre qc. *(to put)*, acheter qc. *(to buy s.th.)*, joli,e *(nice, pretty)*, petit,e *(little)*, maintenant *(now)*, sur *(on)*, dans *(in, into)*, sans *(without)*, finalement *(finally)*, préparer qc. *(to prepare, to make)*, le thé *(tea)*, une tasse de thé *(a cup of tea)*, avec *(with)*, le biscuit *(biscuit, cookie)*, se mettre *(here: to sit down)*, admirer qc. *(to admire s.th.)*

C2. Expressions of quantity

Between an expression of quantity and its noun, there is only "de" without an article.

Examples:

un kilo de sucre	*a kilo of sugar*
un litre de lait	*a litre/liter of milk*
200gr (grammes) de farine	*200 gr of flour*
une douzaine d'œufs	*a dozen eggs*
un tas de sable	*a heap of sand*
un verre d'eau	*a glass of water*
beaucoup de...	*much, many, a lot of...*
assez de...	*enough...*
peu de...	*few, little...*
un peu de...	*a little of...*
trop de...	*too much, too many...*
plus/moins de...	*more/less...*
Combien de...?	*How much/many...?*

Exercise C2.
Add an article or add only "de". (solution p. 19)

1. Pour faire _____ gâteau (m.), il faut _____ œufs (m.), _____ farine (f.), _____ sucre (m.), _____ fruits (m.) et un peu _____ rhum (m.).
2. Combien _____ œufs et combien _____ farine?
3. Quatre œufs, 200gr _____ farine et une cuillère *(spoon)* _____ sucre. Et aussi une pincée _____ sel *(a pinch of salt)*.
4. Ah, et _____ lait (m.). Un litre _____ lait.
5. Un litre? Ça fait beaucoup _____ lait. Tu es sûr?
6. C'est _____ recette (f.) de ma grand-mère! Avec moins _____ lait, ce n'est pas le même gâteau!

Vocabulary:
pour faire qc. *(in order to make s.th.)*, un gâteau *(a cake)*, il faut qc. *(one needs s.th.; it takes s.th. to...)*, un œuf *(an egg)*, la farine *(the flour)*, le sucre *(the sugar)*, les fruits *(m.; fruit, the fruits)*, le rhum *(rum)*, une cuillère *(a spoon)*, une pincée *(a pinch)*, le sel *(the salt)*, le lait *(the milk)*, ça fait beaucoup... *(that is a great deal of...; fait => faire, to do)*, es => être *(to be)*, sûr,e *(sure)*, la recette *(the recipe)*, la grand-mère *(the grandmother)*, le même gâteau *(the same cake)*

D. Articles and negation

If you negate a sentence with e.g., **ne... pas** *(= not)*, some articles are affected by it (more about negations in chapter 5, p. 72).

(a) Definite articles remain unchanged

Example:
Tu aimes **le** café?
Non, je *n'*aime *pas* **le** café. *(I do not like coffee.)*

(b) Indefinite articles change to "de"

Example:
Tu as **un** crayon?
Non, je *n'*ai *pas* **de** crayon. *(I don't have a (/any) pencil.)*

(c) Partitives change to "de" as well

Example:
Tu veux **du** café?
Non, je *ne* bois *jamais* **de** café. *(I never drink (any) coffee.)*

EXCEPTION:
In a clause with "être", the article remains unchanged.
> *Example:*
> Ce n'est pas **une** bonne idée. *(This isn't a good idea.)*
> Ce n'est pas **du** café, c'est du thé. *(This isn't coffee, ...)*

Exercise D.
Negate the following sentences with "ne... pas". (solution p. 19)

Hint: Put "ne" before and "pas" behind the verb.
    Example:
    Je **suis** triste. => Je **ne suis pas** triste.

1. Nadja cherche une chaise.
2. Émilien aime la musique.
3. Je veux du gâteau.
4. Gabrielle lit des bandes dessinées.
5. Mme Vanneur a un rendez-vous.
6. Valérie achète de la confiture.
7. Il y a des assiettes sur la table.
8. Marc fait la sieste.
9. M. Plouhinec trouve les clés.
10. C'est un chat.

Vocabulary:
chercher qc. *(to look/search for s.th.)*, la chaise *(the chair)*, veux => vouloir qc. *(to want s.th.)*, lit => lire qc. *(to read s.th.)*, la bande dessinée *(the comic strip)*, a => avoir qc. *(to have s.th.)*, un rendez-vous *(an appointment or a date)*, acheter qc. *(to buy s.th.)*, la confiture *(the jam)*, il y a *(there is)*, une assiette *(a plate)*, sur *(on)*, fait => faire qc. *(to do s.th.)*, la sieste *(the nap;* faire la sieste = *to have a nap)*, trouver qc. *(to find s.th.)*, la clé *(the key)*, le chat *(the cat)*

Answer Keys

Solutions for A1.

L1. Nadja aime <u>la</u> mer et <u>l'</u>été.
L2. Elle adore <u>le</u> sable, <u>le</u> vent et <u>le</u> soleil.
L3. Elle aime aussi <u>les</u> crêpes et <u>les</u> abricots.
L4. <u>Les</u> vacances en Bretagne, c'est super!
L5. <u>La</u> famille de Nadja habite toujours à <u>l'</u>hôtel

Solutions for A2.

L1. Au petit-déjeuner, je mange <u>un</u> croissant.
L2. Je bois aussi <u>une</u> tasse de café.
L3. Maman mange toujours <u>des</u> fruits: <u>des</u> oranges et <u>des</u> pommes.
L4. Elle boit <u>un</u> verre d'eau.

Solutions for A3.

(a)
L1. M. Martineau aime <u>le</u> café. *(He likes coffee in general.)*
L2. Au petit-déjeuner, il boit toujours <u>une</u> tasse de café au lait.
L3. M. Martineau aime aussi <u>les</u> quiches. *(in general)*
L4. Au déjeuner, il mange toujours <u>une</u> quiche lorraine.
(b)
L5. Je cherche <u>les clés</u>.
L6. Je cherche <u>la clé</u>.
L7. Je cherche <u>une clé</u>.
L8. Je cherche <u>des clés</u>.
L9. <u>Les amis</u> sont importants. *(general statement)*
L10. Bastien est <u>un ami</u> de Marc.

Solutions for B.

L1. Bastien pose une question <u>au</u> boulanger.
L2. Isabelle aime <u>la</u> musique. Elle joue <u>du</u> piano et <u>de la</u> guitare.
L3. Mme Dupuis travaille <u>à la</u> bibliothèque.
L4. Le prof donne des devoirs <u>aux</u> élèves et répond <u>aux</u> questions.
L5. Les élèves rêvent <u>des</u> grandes vacances. Mais ils sont <u>à l'</u>école...
L6. Benjamin regarde <u>un</u> film <u>à la</u> télé.
L7. Ensuite, il raconte <u>l'</u>histoire <u>du</u> film <u>aux</u> enfants de la classe.

Solutions for C1.

L1. M. Dupuis veut bricoler <u>une</u> étagère pour <u>le</u> balcon de <u>l</u>'appartement.
L2. C'est pour mettre <u>des</u> fleurs et <u>des</u> plantes vertes.
L3. Il achète <u>des</u> planches, <u>de la</u> peinture, <u>une</u> scie, <u>des</u> clous, <u>du</u> vernis et <u>des</u> pots de fleurs.
L4. Avec <u>de la</u> patience et <u>du</u> temps, il bricole <u>un</u> joli petit escabeau.
L5. Maintenant, il met <u>les</u> pots de fleurs sur <u>les</u> marches de <u>l</u>'escabeau.
L6. Il met <u>de l</u>'eau dans <u>les</u> pots. Sans <u>(/)</u> eau, <u>les</u> plantes dessèchent.
L7. Finalement, il prépare <u>une</u> tasse de thé avec <u>du</u> sucre, <u>du</u> lait et <u>des</u> biscuits.
L8. Il se met à <u>la</u> table <u>du</u> balcon et admire son œuvre.

Solutions for C2.

L1. Pour faire <u>un</u> gâteau, il faut <u>des</u> œufs, <u>de la</u> farine, <u>du</u> sucre, <u>des</u> fruits et un peu <u>de</u> rhum.
L2. Combien <u>d</u>'œufs et combien <u>de</u> farine?
L3. Quatre œufs, 200gr <u>de</u> farine et une cuillère <u>de</u> sucre. Et aussi une pincée <u>de</u> sel.
L4. Ah, et <u>du</u> lait. Un litre <u>de</u> lait.
L5. Un litre? Ça fait beaucoup <u>de</u> lait. Tu es sûr?
L6. C'est <u>une</u> recette de ma grand-mère! Avec moins <u>de</u> lait, ce n'est pas le même gâteau!

Solutions for D.

L1. Nadja ne cherche pas de chaise.
L2. Émilien n'aime pas la musique.
L3. Je ne veux pas de gâteau.
L4. Gabrielle ne lit pas de bandes dessinées.
L5. Mme Vanneur n'a pas de rendez-vous.
L6. Valérie n'achète pas de confiture.
L7. Il n'y a pas d'assiettes sur la table.
L8. Marc ne fait pas la sieste.
L9. M. Plouhinec ne trouve pas les clés.
L10. Ce n'est pas un chat.

2. Personal pronouns

A. Subject forms (conjunctive)

Personal pronouns used as the subject of a clause are also called conjunctive personal pronouns – because they are always **linked to a verb**. In the following examples it is the verb être (*to be*; see chapter 3 A1., p. 25).
(p. = person, sg. = singular, pl. = plural)

1st p.sg. *(I)*	**je (j')***	Je suis triste. *(I'm sad.)*
2nd p.sg. *(you)*	**tu**	Tu es triste. *(You are...)*
3rd p.sg. *(he/she)*	**il/elle**	Il/Elle est triste.
1st p.pl. *(we)*	**nous**	Nous sommes tristes.
2nd p.pl. *(you)*	**vous**	Vous êtes tristes.
3rd p.pl. *(they)*	**ils/elles**	Ils/Elles sont tristes.

* before a vowel or a silent h, e.g.,: J'aime la musique. J'habite à Marseille. *(I like music. I live in Marseille.)*

Note: Unlike in English there is a masculine pronoun and a feminine pronoun in the 3rd p.pl. (they = ils *or* elles).

For **politeness** use the 2nd p.pl.
> *Example:*
> Vous voulez un café, Mme Bertrand?
> *(Do you want a coffee, Mrs. Bertrand?)*

In the 3rd p.sg. there is also the **pronoun "on"** (= one, people, someone). While it is an indefinite pronoun, it is also often colloquially used instead of "nous".
> *Examples:*
> En France, on parle français. *(In France, people speak French.)*
> On va à la plage. *(We are going to the beach.)*

"il" may sometimes be used as an **impersonal subject**, in the sense of "it".
> *Example:*
> Il est trois heures. *(It is three o'clock.)*

Exercise A.
Answer the questions by adding the right subject pronoun. (solution p. 24)

> *Example:*
> Tu es Patrick? => Oui, <u>je</u> suis Patrick

1. Les filles sont à la maison? Oui, _____ sont à la maison.
2. Vous êtes de Paris? Oui, _____ sommes de Paris.
3. Tu aimes les crêpes? Oui, _____ aime les crêpes.
4. J'ai raison *(Am I right)*? Oui, _____ as raison.
5. Marc est sympa? Oui, _____ est sympa.
6. Nous habitons ici? Oui, _____ *(2nd p.pl.)* habitez ici.
7. Amélie cherche Zoé? Oui, _____ cherche Zoé.
8. Les garçons sont à l'école? Oui, _____ sont à l'école.

Vocabulary:
la fille *(the girl)*, à la maison *(at home;* la maison = *the house)*, de Paris *(from Paris)*, la crêpe *(the pancake)*, sympa *(abbreviation of* sympathique*; likeable, pleasant, nice)*, habiter *(to live (in), to reside, to inhabit)*, ici *(here)*, chercher qn./qc. *(to look/search for s.o./s.th.)*, le garçon *(the boy)*, l'école *(f.; the school)*

B. Disjunctive personal pronouns

The following personal pronouns are called disjunctive because they are able to stand **alone**, without a verb. Because they are used **to emphasize,** they are also sometimes called "tonic", "stressed" or "emphatic".

1st p.sg. *(I)*	**moi**	Qui veut des bonbons? Moi.
2nd p.sg. *(you)*	**toi**	C'est pour toi.
3rd p.sg. *(he/she)*	**lui/elle**	Lui, il est médecin.
1st p.pl. *(we)*	**nous**	Il travaille avec nous.
2nd p.pl. *(you)*	**vous**	À qui le tour? À vous.
3rd p.pl. *(they)*	**eux/elles**	Ce sont eux qui ont raison.

Vocabulary:
qui...? *(who...?)*, veut => vouloir qc. *(to want s.th.)*, le bonbon *(the sweet, the candy)*, pour *(for)*, le médecin *(the doctor)*, travailler *(to work)*, avec *(with)*, À qui le tour? *(Whose turn is it?)*, avoir raison *(to be right)*

This is how you use them:

1) In clauses without a verb
> *Examples:*
> Qui veut des haricots? **Pas moi!** *(Who wants some beans? Not me!)*
> Qui habite à Londres? **Lui.** *(Who lives in London? He.)*

2) To emphasize...
(a) by repeating a part of the sentence
> *Examples:*
> **Toi,** tu rentres à la maison. *(<u>You</u> are going home.)*
> **Nous,** nous partons. *(<u>We</u> are going away.)*
> Mon ami et **moi**, nous aimons le sport.*(My friend and I, we like sport.)*
> Marc part, **lui aussi**. *(Marc is going away too.)*
> Les garçons sont contents, **eux**. *(<u>The boys</u> are happy.)*

(b) by using "c'est/ce sont"
> *Examples:*
> Qui porte la valise? **C'est moi.** *(Who is carrying the suitcase? It's me.)*
> **C'est nous qui** allons gagner. *(<u>We</u> are going to win. See chapter 17 C., p. 201)*
> Qui lave la vaisselle aujourd'hui? **Ce sont elles.** *(Who is doing the dishes today? They do.)*

(Note: "ce sont" can only be used in the 3rd p.pl.; still colloquially you can use "c'est" as well: C'est elles. C'est eux. Ce sont elles. Ce sont eux.*)*

3) After a preposition
Examples:
Marc va à l'école **sans moi**. *(Marc goes to school without me.)*
M. Duval travaille **avec eux.** *(Mr Duval works with them.)*
Tu rentres déjà **chez toi**? *(Are you already going home?)*
Qu'est-ce que tu penses **d'elle**? *(What do you think of her?)*

NOTE:
The disjunctive personal pronouns are also used in other circumstances, e.g., with the affirmative imperative (excusez-moi = excuse me; see chapter 14 D., p. 158), with comparisons (see adjectives, chapter 8 E., p. 107) and in some cases instead of an object pronoun (see chapter 14 E2., p. 162).

Exercise B.
Add a conjunctive or a disjunctive personal pronoun. (solution p. 24)

1. _____, _____ vais faire mes devoirs. *(1st p.sg.)*
2. Est-ce que _____ viens avec _____? *(Are you coming with us?)*
3. C'est Olivier qui va téléphoner à Véronique? Oui, c'est _____.
4. Mes parents, _____, n'aiment pas le sport.
5. Les filles? _____ ont des bonnes notes *(good marks/grades)*, _____.
6. C'est _____ qui vas faire la cuisine? *(2nd p.sg.)*
7. Mme Bonnot est chez _____. (= at her place, at home)
8. _____ n'êtes pas bêtes, _____.
9. Mes amis vont à la piscine sans _____ *(me)*. Pourtant, _____ veux y aller avec
_____.
10. _____, _____ allons faire une pause. Et _____? *(2nd p.pl.)*

Vocabulary:
vais, va, vont => aller *(to go)*, faire les devoirs *(to do one's homework)*, viens => venir *(to come)*, téléphoner à qn. *(to phone s.o.)*, les parents *(m.; the parents)*, faire la cuisine *(to do the cooking)*, chez qn. *(at s.o.'s place.; see chapter 9 A., p. 112)*, bête *(stupid)*, la piscine *(the swimming pool)*, sans *(without)*, pourtant *(yet, still, nevertheless)*, y *(there; see chapter 14 C1., p. 155)*, faire une pause *(to take a break)*

Answer Keys

Solutions for A.

L1. Les filles sont à la maison? Oui, <u>elles</u> sont à la maison.
L2. Vous êtes de Paris? Oui, <u>nous</u> sommes de Paris.
L3. Tu aimes les crêpes? Oui, <u>j'</u>aime les crêpes.
L4. J'ai raison? Oui, <u>tu</u> as raison.
L5. Marc est sympa? Oui, <u>il</u> est sympa.
L6. Nous habitons ici? Oui, <u>vous</u> habitez ici.
L7. Amélie cherche Zoé? Oui, <u>elle</u> cherche Zoé.
L8. Les garçons sont à l'école? Oui, <u>ils</u> sont à l'école.

Solutions for B.

L1. <u>Moi,</u> <u>je</u> vais faire mes devoirs.
L2. Est-ce que <u>tu</u> viens avec <u>nous</u>?
L3. C'est Olivier qui va téléphoner à Véronique? Oui, c'est <u>lui</u>.
L4. Mes parents, <u>eux,</u> n'aiment pas le sport.
L5. Les filles? <u>Elles</u> ont des bonnes notes, <u>elles</u>.
L6. C'est <u>toi</u> qui vas faire la cuisine?
L7. Mme Bonnot est chez <u>elle</u>.
L8. <u>Vous</u> n'êtes pas bêtes, <u>vous</u>.
L9. Mes amis vont à la piscine sans <u>moi</u>. Pourtant, <u>je</u> veux y aller avec <u>eux</u>.
L10. <u>Nous,</u> <u>nous</u> allons faire une pause. Et <u>vous</u>?

3. Verbs: présent and basic clauses

A. être and avoir, faire and aller

A1. être (to be)

"être" and "avoir" are irregular verbs but because of their fundamental importance, they are usually the first verbs beginners learn. You will need them later as auxiliary verbs to build tenses.

je	**suis**	*(I am)*
tu	**es**	*(you are)*
il/elle/on	**est**	*(he/she/one is)*
nous	**sommes**	*(we are)*
vous*	**êtes**	*(you are)*
ils/elles	**sont**	*(they are)*

* also used for politeness; see chapter 2 A., p. 20

Very often you will use **c'est** *(this is, it is)*, which is a combination of the demonstrative "ce" and of the 3rd p.sg. of être. In the 3rd p.pl. you can use either c'est (colloquial) or **ce sont**.

> *Examples:*
> Qu'est-ce que c'est? *(What is this?)*
> => **C'est** un livre. *(This is a book.)* **Ce sont** des croissants. *(These are ...)*
> Qui est-ce? *(Who is this?)*
> => **C'est** Marcel. *(It is Marcel.)* **C'est** moi. *(It's me.)*

Exercise A1.
Add the right form of être. (solution p. 52)

1. Sandrine _____ l'amie de Liliane.
2. Sandrine et Liliane _____ toujours ensemble.
3. Tu _____ Philippe?
4. Oui, je _____ Philippe.
5. Vous _____ de Marseille?
6. Oui, nous _____ de Marseille.
7. Un pique-nique, c'_____ une bonne idée.

Vocabulary:
l'amie *(the friend, f.; m.:* l'ami*)*, de *(of; here: Liliane's friend)*, toujours *(always)*, ensemble *(together)*, un pique-nique *(a picnic)*, bon (m.) /bonne (f.) *(good; adjectives see chapter 8, bon see 8 B., p. 99)*

A2. avoir (to have)

j'	**ai**	*(I have)*
tu	**as**	*(you have)*
il/elle/on	**a**	*(he/she/one has)*
nous	**avons**	*(we have)*
vous	**avez**	*(you have)*
ils/elles	**ont**	*(they have)*

Very often you will also use **il y a** *(there is)*.

    Examples:
    Qu'est-ce qu'**il y a** sur la table? *(What is there on the table?)*
    => Sur la table, **il y a** une assiette.
    => Sur la table, **il y a** des assiettes.
    (On the table, there is a plate./... there are plates.)

The difference between "est/sont" and "il y a":
est/sont => answers the question "Where is...?"
il y a => answers the question "Who/What is there/in this place?"
    Examples:
    Où est mon sac? *(Where is my bag?)*
    => Le sac **est** sur la table. *(The bag is on the table.)*
    Qu'est-ce qu'il y a sur la table? *(What is on the table?)*
    => Sur la table, **il y a** un sac. *or* **Il y a** un sac sur la table. *(On the table there is a bag. There is a bag on the table.)*

Exercise A2.
(a) Add the right form of avoir. (solution p. 52)

1. Amélie et Zoé _____ faim.
2. Zoé: «J'____ encore un sandwich. Et toi, tu _____ encore quelque chose?»
3. Amélie: «Non. Mais nous _____ le temps. À la cafétéria, il y _____ des croissants.»
4. À la cafétéria: «Vous _____ encore des croissants, s'il vous plaît?»

(b) Add the right form of avoir or être.

5. Tu _____ des amis, Xavier?
6. Bien sûr. Daniel _____ très sympa.
7. Xavier et Daniel _____ dans la même classe à l'école.
8. Donc, ils _____ aussi les mêmes cours.

Vocabulary:
avoir faim *(f.; to be hungry)*, encore *(still)*, quelque chose *(something)*, non *(no)*, avoir le temps *(to have time)*, s'il vous plaît *(please)*, un ami *(a friend)*, bien sûr *(of course)*, très *(very)*, sympa *(abbreviation of* sympathique = *likeable, nice)*, dans *(in)*, le/la même *(the same)*, la classe *(the class, the form/grade)*, à l'école *(f.; at school)*, donc *(therefore, so)*, les cours *(m.; the courses)*

A3. faire (to do)

"faire" and "aller" are also so very frequently used that they are among the verbs beginners learn first despite their being irregular.

je	**fais**	*(I do/make)*
tu	**fais**	*(you do/make)*
il/elle/on	**fait**	*(he/she/one does/makes)*
nous	**faisons**	*(we do/make)*
vous	**faites**	*(you do/make)*
ils/elles	**font**	*(they do/make)*

Exercise A3.
Add the appropriate form of faire. (solution p. 52)

1. Les journalistes _____ des photos.
2. Bastien _____ un exercice de maths.
3. Qu'est-ce que vous _____?
4. Nous _____ la cuisine.
5. Amélie _____ la salade. Je _____ la sauce. Toi, tu _____ le dessert, d'accord?

Vocabulary:
le journaliste *(the journalist)*, la photo *(the photo)*, un exercice de maths *(a maths exercise)*, qu'est-ce que..? *(what..?; see chapter 4 B., 60)*, faire la cuisine *(to cook, to do the cooking)*, la salade *(the salad)*, la sauce *(the dressing)*, le dessert *(the dessert)*, d'accord *(alright)*

A4. aller (to go)

je	**vais**	*(I go)*
tu	**vas**	*(you go)*
il/elle/on	**va**	*(he/she/one goes)*
nous	**allons**	*(we go)*
vous	**allez**	*(you go)*
ils/elles	**vont**	*(they go)*

Note: You will also need "aller" later for the futur proche (see chapter 10, p. 125).

Exercise A4.
Add the appropriate form of aller. (solution p. 52)

1. Patrick et Bastien _____ à l'école.
2. Amélie: «Vous _____ chez Carole?»
3. Les garçons: «Non, nous _____ à l'école. Et toi, tu _____ où?»
4. Amélie: «Je _____ chez Carole.»
5. Mais Carole n'est pas à la maison. Elle aussi, elle _____ à l'école.

Vocabulary:
à l'école *(f.; to school)*, chez qn. *(at s.o.'s place; see chapter 9 A., p. 112)*, et *(and)*, toi *(you; see chapter 2 B., p. 22)*, où? *(where?)*, être à la maison *(to be at home;* la maison = *the house)*, aussi *(too)*

B. Verbs ending in -er

Verb forms are made of a **stem** (regard-) and of an **ending** (-er: -e, -es, -e, -ons, -ez, -ent). The group of verbs ending in -er is the largest group of regular verbs.

regarder qn./qc. *(to look at s.o./s.th.)*

je	regard**e**
tu	regard**es**
il/elle/on	regard**e**
nous	regard**ons**
vous	regard**ez**
ils/elles	regard**ent**

Likewise: aimer qn./qc. *(to like or to love s.o./s.th.)*, habiter *(to live in, to inhabit)*, chercher qn./qc. *(to look/search for s.o./s.th.)*, trouver qn./qc. *(to find s.o./s.th.)*, préparer qc. *(to prepare s.th.)*, rencontrer qn. *(to meet s.o.)*, apporter qc. à qn. *(to bring/take s.th. to s.o.)*, montrer qc. à qn. *(to show s.o. s.th.)*, donner qc. à qn. *(to give s.o. s.th./ s.th. to s.o.)*, poser qc. *(to put s.th. (down))*, tomber *(to fall)*, arriver *(to arrive)*, entrer *(to enter)*, rester *(to remain, to stay)*, raconter qc. à qn. *(to tell s.o. s.th.)*, jouer à qc. *(to play s.th. => a game, e.g.,* jouer au foot = *to play football/soccer)*, jouer de qc. *(=> a musical instrument, e.g.,* jouer de la guitare = *to play the guitar)*

Exercise B.
Add the appropriate verb form. (solution p. 53)

1. André _____ (rencontrer) Sandrine après les cours.
2. Ils _____ (chercher) un cadeau pour Amélie.
3. Caroline _____ (arriver). «Vous _____ (préparer) une surprise pour Amélie? Je _____ (trouver) toujours des idées dans les magasins du centre-ville.»
4. André _____ (poser) une question: «Tu _____ (donner) quelque chose à Amélie, toi?»
5. Caroline _____ (montrer) un panier. «Oui, j'_____ (apporter) un gâteau pour la fête.»
6. «Sandrine et moi, nous ne _____ (trouver) pas d'idée. Nous n'_____ (avoir) pas d'argent.»
7. «Ah bon. Alors, tu _____ (apporter) ta guitare et toi, Sandrine, tu _____ (jouer) de la trompette. La musique, c'est aussi un cadeau!»

Vocabulary:
après *(after)*, après les cours *(after school)*, un cadeau *(a gift, a present)*, pour

(for), une surprise *(a surprise, a little gift)*, toujours *(always)*, une idée *(an idea)*, un magasin *(a shop)*, le centre-ville *(the town centre)*, poser une question *(to ask a question)*, quelque chose *(something)*, un panier *(a basket)*, un gâteau *(a cake)*, la fête *(the celebration, the party, the feast)*, ne... pas *(not; see chapter 5, p. 72)*, ne... pas de *(no, not any; see chap. 5 B. or 1 D., p. 16)*, l'argent *(m.; the money)*, ah bon *(oh, I see)*, alors *(here: then, in this case)*, une guitare *(a guitar)*, la trompette *(the trumpet)*, la musique *(the music)*, aussi *(also, too)*

C. Basic sentences

This is the basic pattern for main clauses:

$$\mathbf{S}\text{ubject} + \mathbf{P}\text{redicate} + \mathbf{O}\text{bjects (direct => indirect)}$$

Remember:

Subject = word/phrase about which the sentence makes a statement, usually a noun or a subject pronoun

Predicate = usually the verb that belongs to the subject

Objects = complements to the verb that answer questions like whom? what? which? to whom? of what?

Adverbial elements = complements that give further details and answer questions like when? how? why? where?

Example:
apporter qc. à qn. *(to bring s.o. s.th.)*
Valérie (**S**) apporte (**P**) un cadeau (dir. **O**.) à Marc (ind. **O**.).

Voc.: un cadeau *(a gift)*, qc. = quelque chose *(something)*,
qn. = quelqu'un *(someone)*

TRICK: If you know the verb, you can build correct sentences. The verb tells you which object may be in which position.

> **IMPORTANT:**
> *do not learn:*
> apporter = to bring
> *but rather:*
> apporter **qc. à qn.** = to bring s.o. s.th.

Then you only need to fill in the blanks:
(1) Choose a subject and conjugate the verb.
(2) Choose one or two objects and put them instead of qn. or qc. – their position is already correct.
Note: Adverbial elements (of place, time, etc.) can simply be placed at the end of the sentence or with a comma at the beginning. (À trois heures, je rencontre Damien. *or* Je rencontre Damien à trois heures. = *I'm meeting Damien at three o'clock.*)

A direct object is an object that is placed **directly next to the verb**, i.e., **without a preposition**.

> *Example:*
> regarder **qn./qc.** => Marc regarde **le film**.
> *(to look at/watch s.o./s.th. => Marc is watching the film.)*

An indirect object is an object that comes with the **preposition "à"** – it is therefore *not* placed directly next to the verb.

> *Example:*
> parler **à qn.** => Brigitte parle **à Zoé**.
> *(to talk to s.o. => Brigitte is talking to Zoé.)*

Prepositional objects are objects that come with **other prepositions**.

> *Examples:*
> parler **de qc.** => Nous parlons **de la fête**.
> *(to talk about s.th. => We are talking about the party.)*
> danser **avec qn.** => Marc danse **avec Amélie**.
> *(to dance with s.o. => Marc is dancing with Amélie.)*

"Intransitive" verbs do not have an object.

> *Example:*
> arriver *(to arrive)*
> => Le bus arrive. *(The bus is arriving.)*

About the terminology:
Usually prepositional objects are simply called indirect objects too. Nevertheless, it is useful to make that distinction, because they do not take the same pronouns; see chapter 14.

Here are some common verbs with objects:

(1) Verbs with direct objects
écouter qn./qc. *(to listen to s.o./s.th.)*
rencontrer qn./qc. *(to meet s.o./s.th.)*
aider qn. *(to help s.o.)*
oublier qn./qc. *(to forget s.o./s.th.)*
préparer qc. *(to prepare s.th.)*
aimer qn./qc. *(to like or to love s.o./s.th.)*
réparer qc. *(to repair s.th.)*
chercher qn./qc. *(to look/search for s.o./s.th.)*
trouver qn./qc. *(to find s.o./s.th.)*
regarder qn./qc. *(to look at/watch s.o./s.th.)*

(2) Verbs with à (= indirect)
téléphoner à qn. *(to phone s.o. (up))*
participer à qc. *(to participate in s.th.)*

jouer à qc. *(to play a game)*
also:
répondre à qn. *(to respond/reply to s.o., see 3 E., p. 37)*
mentir à qn. *(to lie to s.o., see 3 F., p. 39)*
réfléchir à qc. *(to think s.th. over, see 3 F.)*
réagir à qc. *(to react to s.th., see 3 F.)*

(3) Verbs with de
avoir besoin de qn./qc. *(to need s.o./s.th.)*
avoir peur de qn./qc. *(to be afraid of s.o./s.th.)*
rêver de qn./qc. *(to dream of s.o./s.th.)*
jouer de qc. *(to play a musical instrument)*
être + adj. + de:
être content de qc. *(to be pleased /satisfied /happy with s.th.)*

(4) Verbs with two objects
apporter qc. à qn. *(to bring s.o. s.th.)*
raconter qc. à qn. *(to tell s.o. s.th.)*
montrer qc. à qn. *(to show s.o. s.th.)*
expliquer qc. à qn. *(to explain s.th. to s.o.)*
donner qc. à qn. *(to give s.o. s.th./s.th. to s.o.)*
demander qc. à qn. *(to ask s.o. for s.th./to ask s.o. s.th.)*
poser une question à qn. *(to ask s.o. a question)*
parler de qc. à qn. *(to talk to s.o. about s.th.; also:* parler à qn. de qc.*)*

Exercise C.
Build sentences with the following words. Do not forget to conjugate the verb and to add "à" or "de" if necessary. (solution p. 53)

Hint: Remember the complete verb first, e.g., regarder => regarder **qn./qc.**

1. un steak au poivre – rêver – M. Bonnot
2. Félicien (S) – une histoire drôle – raconter – Gabrielle
3. la clé – dans le sac – Marc – chercher
4. donner – le prof – les élèves – un exercice
5. téléphoner – Philippe (S) – à cinq heures – Daniel
6. M. Clocher – le chien – le journal – apporter
7. une omelette – Émilie – dans la cuisine – préparer
8. demander – Lucien – une explication – maman (S)
9. la voiture – être content – M. Duval
10. à Paris – Mme Ponce – aller – aujourd'hui

Vocabulary:
un steak au poivre *(a pepper steak)*, une histoire drôle *(a joke, a funny story)*, la clé *(the key)*, dans *(in)*, le sac *(the bag)*, le prof *(the teacher; abbreviation of* le

professeur*)*, un élève *(a pupil)*, un exercice *(an exercise)*, à cinq heures *(at five o'clock)*, le chien *(the dog)*, le journal *(the newspaper)*, la cuisine *(the kitchen)* , une explication *(an explanation)*, maman *(mum/mom, mummy/mommy)*, la voiture *(the car)*, aujourd'hui *(today)*

D. Imperative

The imperative is a verb form used to make requests, to give orders or to invite people to do something. It has only three persons: **2nd p.sg., 1st p.pl. and 2nd p.pl.**

Example:

faire (to do)
Fais une pause. *(Have/Take a break.)*
Faisons une pause. *(Let's have/take a break.)*
Faites une pause. *(Have/Take a break.)*

For most verbs the forms are the same as in the présent. Still, **the 2nd p.sg. of the verbs ending in -er loses its -s** (exceptions see chapter 14 D., p. 158).

Examples:

regarder (to look)
Regarde. *(Look.)*
Regard**ons**. *(Let's look.)*
Regard**ez**. *(Look.)*

aller (to go)
Va à l'école. *(Go to school.)*
All**ons** à l'école. *(Let's go to school.)*
All**ez** à l'école. *(Go to school.)*

There are few irregular forms, e.g., avoir and être.

avoir *(to have)*	**être** *(to be)*
aie	sois
ayons	soyons
ayez	soyez

Examples:
Sois courageux! *(Be brave!)*
N'ayez pas peur! *(Don't be afraid!* la peur = *the fear)*

Exercise D.
Add the appropriate form of the imperative. (solution p. 53)

1. Pierre dit à son petit frère: «_____ à l'école!» *(aller)*
2. Le pompier dit aux gens: «_____ attention!» *(faire)*
3. Le randonneur dit à ses amis: «_____ ici.» *(rester; 1st p.pl.)*
4. Le policier dit à son chien: «_____!» *(chercher)*
5. On frappe à la porte. M. Duval dit: «_____.» *(entrer; polite)*
6. Le prof dit aux élèves: «_____ les devoirs.» *(montrer)*
irregular:
7. Maman dit à la famille: «_____ confiance en l'avenir.» *(avoir; 1st p.pl.)*
8. Papa dit à Yannick: «_____ poli.» *(être)*

Vocabulary:
dit => dire qc. à qn. *(to say/tell s.o. s.th.)*, son petit frère *(his little brother)*, aller *(to go)*, le pompier *(the fireman)*, les gens *(m.pl.; people)*, faire attention *(to be careful)*, le randonneur *(the hiker)*, ses amis *(his friends)*, rester *(to stay, to remain)*, ici *(here)*, le policier *(the policeman)*, son chien *(his dog)*, chercher qn./qc. *(to look/search for s.o./s.th.)*, frapper à la porte *(to knock on the door)*, entrer *(to enter)*, le prof *(the teacher; abbreviation of* le professeur*)*, un élève *(a pupil)*, les devoirs *(m.; the homework)*, montrer qc. à qn. *(to show s.o. s.th.)*, la confiance *(the confidence, trust, faith)*, l'avenir *(m.; the future)*, poli,e *(polite)*

E. Verbs ending in -dre

Their stem includes the "d" (entend-), the endings are **-s, -s, /, -ons, -ez, -ent.**

entendre qc. *(to hear s.th.)*

j'	entend**s**
tu	entend**s**
il/elle/on	entend
nous	entend**ons**
vous	entend**ez**
ils/elles	entend**ent**

Imperative:
entend**s**, entend**ons**, entend**ez**

Likewise: attendre qn./qc. (to wait for s.o./s.th.), descendre (to descend, to come down), perdre qc. (to lose s.th.), rendre qc. à qn. (to give s.th. back to s.o.), répondre à qn./qc. (to respond/reply to s.o./s.th.), vendre qc. à qn. (to sell s.th. to s.o.)

Distinguish between écouter and entendre:
écouter qn./qc. *(to listen to s.o./s.th.)*
entendre qn./qc. *(to hear s.o./s.th., to perceive)*
Examples:
J'entends un bruit. *(I hear a noise.)*
J'écoute de la musique. *(I'm listening to music.)*

Exercise E.
(a) Add the right verb form. (solution p. 53)

1. Marc _____ (attendre) le bus.
2. _____ (rendre, *give back*) le livre à la bibliothèque.
3. Tu _____ (perdre) toujours les clés.
4. Nous _____ (répondre) à la question du prof.
5. _____ (attendre, *wait, 2nd p.pl.*), je _____ (descendre).

(b) Add écouter or entendre.

6. Les filles _____ un bruit bizarre.
7. La grand-mère raconte une histoire et les enfants _____.

8. Ne fais pas de bruit, j'_____ les informations.
9. Hé! Tu fais trop de bruit! Je n'_____ rien.

Vocabulary:

le livre *(the book)*, la bibliothèque *(the library)*, toujours *(always)*, la clé *(the key)*, la question *(the question)*, la fille *(the girl)*, un bruit *(a noise)*, bizarre *(strange)*, la grand-mère *(the grandmother)*, raconter une histoire *(to tell a story/tale)*, un enfant *(a child)*, les informations *(f.; the news => radio, television, etc.)*, trop de *(too much)*, ne... rien *(nothing)*

F. Verbs ending in -ir

There are **two groups** of verbs ending in -ir: **the verbs of the group "finir" extend their stem with -iss-, the others do not and even drop the last consonant of the stem in the singular forms.** The endings are -s, -s, -t, -ons, -ez, -ent.

	group "finir"	group "sortir"
je	finis	sors
tu	finis	sors
il/elle/on	finit	sort
nous	finissons	sortons
vous	finissez	sortez
ils/elles	finissent	sortent

Like finir qc. (to finish s.th.): réfléchir à qc. (to think s.th. over), choisir qc. (to choose s.th.), réussir qc. (to succeed in s.th.), réagir à qc. (to react to s.th.), agir (to act)
Like sortir (to go out): partir *(to go away)*, dormir *(to sleep)*, sentir qc. *(to feel/to smell s.th.)*, mentir à qn. *(to lie to s.o.)*

Exercise F.
(a)
1. Conjugate **dormir**.
2. Conjugate **réfléchir**.
3. Conjugate **partir**.
4. Conjugate **réussir**. (solution p. 54)

(b) Add the right verb form. (solution p. 54)

1. Je _____ (sentir) le vent dans mes cheveux.
2. _____ (finir, 2nd p.pl. imperative) vos devoirs.
3. Le chat _____ (sortir) de la cuisine.
4. Quel gâteau est-ce que tu _____ (choisir)?
5. Félicien _____ (dormir) sur le canapé.
6. Nous _____ (réfléchir) à l'avenir.

Vocabulary:
le vent *(the wind)*, les cheveux *(m.; the hair)*, les devoirs *(m.; the homework)*, le chat *(the cat)*, sortir de + *a place (to come out of, to leave)*, la cuisine *(the kitchen)*, quel..? *(which..? see 4 C., p. 62)*, le gâteau *(the cake)*, le canapé *(the sofa, the couch)*, l'avenir *(m.; the future)*

G. Peculiarities of some verbs ending in -er

(1) Verbs ending in -ger and -cer
Small changes to maintain the right pronunciation:

	before e and i: g, c	before a and o: ge, ç
manger	je mange	nous mangeons
commencer	je commence	nous commençons

ge, geons => pronounce the g(e) like the *j* in je
ce, çons => pronounce the c/ç like the *s* in je suis

Like manger qc. (to eat s.th.): nager *(to swim)*, plonger *(to dive, to plunge)*, partager qc. avec qn. *(to share s.th. with s.o.)*, ranger qc. *(to tidy s.th. up)*
Like commencer qc. (to start s.th.): prononcer qc. *(to pronounce s.th.)*, annoncer qc. *(to anounce s.th.)*, lancer qc. *(to throw s.th.)*

(2) Verbs with two stems:
Some verbs have different stems when their ending is "silent" (-e, -es, -e, -ent) or "audible" (-ons, -ez, -é, -er).

acheter qc. à qn. *(to buy s.o. s.th.)*	appeler qn. *(to call s.o.)*	préférer qc. *(to prefer s.th.)*
j'achète	j'appelle	je préfère
tu achètes	tu appelles	tu préfères
il achète	il appelle	il préfère
nous achetons	nous appelons	nous préférons
vous achetez	vous appelez	vous préférez
ils achètent	ils appellent	ils préfèrent

Like acheter: emmener qn. *(to take s.o. along)*, peser qc. *(to weigh s.th.)*, se promener *(to have/go for a stroll/walk)*, mener qn./qc. *(to lead s.o./s.th.)*, se lever *(to get up, to stand up)*
Like appeler: jeter qc. à qn. *(to throw s.o. s.th.)*, s'appeler *(to be called, to call oneself;* je m'appelle... = *my name is...)*
Like préférer: espérer *(to hope)*, répéter qc. *(to repeat s.th.)*

(3) Verbs ending in -yer
They change their **y to i** before the "silent" endings.

envoyer qc. à qn.
(to send s.o. s.th.)

j'envoie
tu envoies
il envoie
nous envoyons
vous envoyez
ils envoient

Likewise: payer qc. *(to pay s.th.)*, s'ennuyer *(to be bored)*, essayer qc. *(to try s.th.)*

Exercise G.
Add the right verb form. (solution p. 54)

1. Vous _____? Oui, nous _____. (commencer)
2. Vous _____ du pain? Non, j'_____ du lait. (acheter)
3. Nous _____ une nouvelle voiture. Et toi, tu _____ une moto. (essayer)
4. Nous _____ nos sandwichs. Et vous, vous _____ vos limonades? (partager)
5. Je _____ mes déchets à la poubelle. Vous aussi, _____ vos déchets. (jeter)
6. Vous _____ le café? Moi, je _____ le thé. (préférer)
7. _____ ta chambre. Nous, nous _____ le salon. (ranger)
8. Vous _____ les pompiers? Non, j'_____ la police! (appeler)
9. Vous _____ en dollars? Non, je _____ en euros. (payer)
10. Tu _____ une glace et nous, nous _____ des croissants. (manger)

Vocabulary:
le pain *(the bread)*, le lait *(the milk)*, nouveau /nouvelle *(new; see 8 D., p. 105)*, la voiture *(the car)*, la moto *(the motorbike)*, le déchet *(the rubbish/garbage)*, la poubelle *(the rubbish/garbage bin)*, le thé *(the tea)*, la chambre *(the room, the bedroom)*, le salon *(here: the living room)*, les pompiers *(m.; the fire brigade)*, la police *(the police)*, une glace *(an ice cream)*

H. Some other irregular verbs

H1. prendre, venir, tenir

	prendre	**venir**	**tenir**
je	prends	viens	tiens
tu	prends	viens	tiens
il/elle/on	prend	vient	tient
nous	prenons	venons	tenons
vous	prenez	venez	tenez
ils/elles	prennent	viennent	tiennent

Vocabulary:
prendre qc. *(to take s.th.)*, venir *(to come)*, tenir qc. *(to hold s.th.)*
Like prendre: apprendre qc. (à qn.) *(to learn s.th.; to teach s.o. s.th.)*,
comprendre qc. *(to understand s.th.)*
Like venir: revenir *(to come back/again)*, devenir qc. *(to become s.th.)*
Like tenir: retenir qn./qc. *(to hold s.th./s.o. back)*

Exercise H1.
Add the right verb form. (solution p. 55)

1. *Au restaurant:* Les enfants _____ des frites, mais nous, les parents, nous
_____ des haricots verts. Et toi, qu'est-ce que tu _____? (prendre)
2. Les ouvriers _____ lundi. Le plombier _____ le matin, le peintre _____
l'après-midi. Vous, _____ donc me voir le soir! (venir)
3. *Les commerçants:* Je _____ une boutique de mode dans la rue principale.
Mes voisins _____ une boucherie. Votre mari et vous, vous _____ un kiosque
devant la gare. (tenir)
4. Nous _____ le vocabulaire ensemble. Les autres élèves _____ les verbes.
(apprendre)
5. Je ne _____ pas la question. Mes amis ne la _____ pas non plus. Vous la
_____, vous? (comprendre)

Vocabulary:
un enfant *(a child)*, les frites *(f.; chips, French fries)*, les parents *(m.; the
parents)*, les haricots verts *(m.; green beans)*, l'ouvrier *(m.; the workman)*, lundi
(Monday), le plombier *(the plumber)*, le matin *(here: in the morning,)*, le peintre
(the painter), l'après-midi *(m.; here: in the afternoon)*, donc *(therefore, so)*, venir
voir qn. *(to come and see s.o., to pay s.o. a visit)*, le soir *(here: in the evening)*, un

commerçant *(a shopkeeper, a trader)*, la boutique *(the shop)*, la mode *(the fashion)*, la rue principale *(the main street)*, le voisin *(the neighbo(u)r)*, une boucherie *(a butcher's shop)*, le mari *(the husband)*, un kiosque *(a kiosk, a newsstand)*, devant *(in front of, before)*, la gare *(the station)*, le vocabulaire *(the vocabulary)*, ensemble *(together)*, les autres élèves *(the other pupils)*, ne... pas non plus *(also not)*

H2. dire, lire, écrire

	dire	**lire**	**écrire**
je/j'	dis	lis	écris
tu	dis	lis	écris
il/elle/on	dit	lit	écrit
nous	disons	lisons	écrivons
vous	**dites**	lisez	écrivez
ils/elles	disent	lisent	écrivent

Vocabulary:
dire qc. à qn. *(to say/tell s.o. s.th.)*, lire qc. *(to read s.th.; lire qc. à qn. = to read s.th. to s.o.)*, écrire qc. à qn. *(to write s.o. s.th.)*

Exercise H2.
Add the right verb form. (solution p. 55)

1. Qu'est-ce que vous _____? Je _____ que je suis fatigué. Les enfants aussi _____ qu'ils sont fatigués. (dire)
2. Mes parents _____ toujours des cartes de vœux pour les fêtes. Vous _____ des cartes, vous? Je n'en _____ jamais. (écrire)
3. La prof _____ (dire) aux élèves: «_____ (lire) le texte à la page 20.» Les élèves _____ le texte. Mais, en secret, Marc _____ (lire) une bande dessinée.

Vocabulary:
qu'est-ce que...? *(what...?; see chapter 4 B., 60)* , fatigué *(tired)*, que *(here: that, relative pronoun; see chapters 15 and 17)*, la carte de vœux *(the greetings card)*, les fêtes *(here: Christmas and New Year's Day)*, en *(here: any; see chapter 14 B., p. 150)*, ne... jamais *(never, see chapter 5 B., p. 73)*, la page *(the page)*, en secret *(secretly, in secret)*, une bande dessinée *(a comic strip)*

H3. devoir, vouloir, pouvoir, savoir

	devoir	**vouloir**	**pouvoir**	**savoir**
je	dois	veux	peux	sais
tu	dois	veux	peux	sais
il/elle/on	doit	veut	peut	sait
nous	devons	voulons	pouvons	savons
vous	devez	voulez	pouvez	savez
ils/elles	doivent	veulent	peuvent	savent

Vocabulary:
devoir faire qc. *(to have to do s.th.)*, vouloir faire qc. *(to want to do s.th.)*, pouvoir faire qc. *(to be able to do s.th.; also: to be allowed to do s.th.)*, savoir faire qc. *(to know how to do s.th.)*

Distinguish between savoir and pouvoir:
Examples:
Brigitte **sait nager**. *(Brigitte can swim = she knows how to swim, she learned it.)*
Mais Brigitte **ne peut pas nager** aujourd'hui, elle a une jambe cassée. *(But Brigitte cannot swim today, she has a broken leg = she is currently unable to swim although she learned it.)*

Exercise H3.
(a) Add the right verb form. (solution p. 55)

1. Je _____ faire mes devoirs. Mon frère aussi. Ensuite, nous _____ ranger la chambre. Mes parents _____ faire les courses. J'en ai assez, je _____ jouer! (3x devoir, 1x vouloir)
2. Mon frère et moi, nous _____ un chien. Mais nos parents, eux, ils ne _____ pas d'animaux. (vouloir)
3. Je ne _____ pas aller voir grand-mère samedi. Mes enfants ne _____ pas non plus. Est-ce que vous _____ y aller à ma place? (pouvoir)
4. Maman ne _____ pas nager. Ma sœur et moi, nous _____ nager. Tous les enfants de ma classe _____ nager. Mais maman a peur de l'eau. (savoir)
5. Je _____ réparer les vélos. Ton vélo est cassé? Mercredi, j'ai le temps, je _____ venir le réparer. (savoir, pouvoir)

Vocabulary:
le frère *(the brother)*, ensuite *(afterwards, then)*, ranger qc. *(to tidy up s.th.)*, la chambre *(the room, the bedroom)*, les parents *(the parents)*, faire les courses *(to go shopping)*, en avoir assez *(to be sick and tired of s.th., to be fed up)*, un chien *(a dog)*, un animal/ pl. des animaux *(an animal, animals)*, aller voir qn. *(to go*

and see s.o., to pay s.o. a visit), la grand-mère *(the grandmother)*, samedi *(m.; here: on Saturday)*, ne... pas non plus *(also not)*, y *(there; see chap. 14 C1., p. 155)*, à ma place *(for me, in my place)*, nager *(to swim)*, la sœur *(the sister)*, tous *(all, every)*, un enfant *(a child)*, avoir peur de qc. *(to be afraid of s.th.)*, l'eau *(f.; the water)*, réparer qc. *(to repair s.th.)*, le vélo *(the bike, the bicycle)*, cassé *(broken)*, mercredi *(m.; here: on Wednesday)*, avoir le temps *(to have time)*

(b) Add savoir or pouvoir. (solution p. 56)

1. Est-ce que je _____ prendre le dernier morceau de gâteau?
2. Est-ce que tu _____ jouer aux échecs?
3. M. Leblanc est malade, il ne _____ pas venir.
4. Nous _____ parler français.

Vocabulary:
prendre qc. *(to take s.th.)*, dernier/dernière *(last)*, le morceau *(the piece)*, le gâteau *(the cake)*, les échecs *(m.pl.; chess)*, jouer aux échecs *(to play chess)*, malade *(ill/sick)*, venir *(to come)*, parler français *(to speak French)*

H4. mettre, voir, connaître

	mettre	**voir**	**connaître**
je	mets	vois	connais
tu	mets	vois	connais
il/elle/on	met	voit	conna**î**t
nous	mettons	voyons	connaissons
vous	mettez	voyez	connaissez
ils/elles	mettent	voient	connaissent

Vocabulary: mettre qc. *(to put; also: to put on)*, voir qn./qc. *(to see s.o./s.th.)*, connaître qn. *(to know s.o., to be acquainted with s.o.)*;
N.O.: The 1990 spelling reform permits dropping the ^ before the t: connaitre, il connait, etc.
Likewise: promettre qc. à qn. *(to promise s.o. s.th.; often: promettre à qn. de faire qc.)*, permettre qc. à qn. *(to allow/to permit; often: permettre à qn. de faire qc. = to allow s.o. to do s.th.)*, revoir qn./qc. *(to see s.o./s.th. again)*, reconnaître qn./qc. *(to recognize s.o./s.th.)*

Distinguish between voir and regarder:
voir qn./qc. *(to see s.o./s.th., to perceive)*
regarder qn./qc. *(to look at/watch s.o./s.th.)*
  Examples:
    Je vois un chat. *(I see a cat; I notice it.)*
    Je regarde la télé. *(I'm watching TV.)*

Exercise H4.
(a) Add the right verb form. (solution p. 56)

1. Valérie _____ une robe à la mode. Toutes ses amies _____ la même. Vous, vous _____ toujours vos jeans troués. (mettre)
2. «Je _____ un lapin dans le pré!» «Où ça? Nous ne _____ rien.» «C'est normal. Les lapins nous _____ et ils partent.» (voir)
3. Est-ce que vous _____ ce livre? Moi, je ne le _____ pas. Personne ne le _____. (connaître)
4. Je te _____ de t'aider. (promettre)

(b) Add voir or regarder.

5. Je ne _____ pas Martine. Où est-elle?
6. _____ sur la table, il y a une lettre pour toi.
7. Nous _____ un match de foot.
8. Dans le noir, on ne _____ rien.

Vocabulary:
une robe *(a dress, a gown)*, à la mode *(in fashion, fashionable)*, toutes ses amies *(all of her friends, f.)*, la même *(the same one; refers to* la robe*)*, troué *(full of holes;* le trou = *the hole)*, un lapin *(a rabbit)*, le pré *(the meadow)*, où ça? *(where?)*, ne... rien *(nothing)*, partir *(to go away)*, ce livre *(this book)*, ne... personne *(nobody, no one; see chapter 5 B, p. 73)*, aider qn. *(to help s.o.)*, où *(where)*, la table *(the table)*, la lettre *(the letter)*, le match de foot *(the football match)*, dans le noir *(here: in the dark;* noir = *black)*

H5. boire, plaire, croire

	boire	plaire	croire
je	bois	plais	crois
tu	bois	plais	crois
il/elle/on	boit	**plaît**	croit
nous	buvons	plaisons	croyons
vous	buvez	plaisez	croyez
ils/elles	boivent	plaisent	croient

Vocabulary: boire qc. *(to drink s.th.)*, plaire à qn. *(to please s.o.;* ça me plaît = *I like it/this)*, croire qn. *(to believe s.o.)*
N.O.: The 1990 spelling reform permits dropping the ^ before the t: il plait
Likewise: déplaire à qn. *(to displease s.o.;* ça me déplaît = *I don't like this)*

s'il vous plaît/ s'il te plaît *(please)* => merci *(thanks)*

Exercise H5.
Add the right verb form. (solution p. 56)

1. Tu _____ un verre de bière avec moi? Non, merci. Ma femme et moi, nous ne
_____ jamais de bière. Les gens _____ trop d'alcool, je trouve. (boire)
2. Cette voiture _____ à mon mari. Ces vélos _____ à mes enfants. (plaire)
3. Je _____ que M. le directeur a raison. Nous _____ tous que M. le directeur a
raison. D'ailleurs, tous les employés _____ que M. le directeur ne se trompe
jamais. (croire)
4. Trois croissants et une baguette, s'il vous _____. (plaire)

Vocabulary:
un verre de bière *(a glass of beer)*, la femme *(the woman or the wife)*, ne... jamais
(never; see chapter 5 B., p. 73), les gens *(m.; people)*, trop de *(too much)*, trouver
qc. *(to find s.th.)*, la voiture *(the car)*, le mari *(the husband)*, le vélo *(the bike, the
bicycle)*, que *(that, relative pronoun; see chapter 15 and 17)*, avoir raison *(to be
right)*, tous *(all)*, d'ailleurs *(besides)*, un employé *(an employee)*, se tromper *(to
be wrong, to be mistaken)*

H6. il faut (falloir)

"Il faut" is a very commonly used impersonal expression which means **"one
needs /one has to /it is necessary"**. The verb falloir is used in the 3rd p.sg. only.
il faut qc. = one needs s.th., s.th. is necessary
il faut faire qc. = one needs to do s.th., it is necessary to do s.th.

> *Examples:*
> Pour faire un gâteau, **il faut** de la farine et des œufs.
> *(To make a cake, you need flour and eggs.)*
> **Il faut** réussir ton bac!
> *(It is necessary that you pass your school-leaving exam. = You have to pass it!)*

Note:
Add an indirect object pronoun (chapter 14 A2., 146) and the meaning becomes
personal.
> *Examples:*
> Il **me** faut du sucre. *(I need sugar.)*
> Il **te** faut une idée. *(You need an idea.)*
> Il **lui** faut une pause. *(He/She needs a break.)*
> Il **nous** faut un café. *(We need a coffee.)*
> Il **vous** faut une brosse à dents. *(You need a toothbrush.)*
> Il **leur** faut quelque chose à manger. *(They need something to eat.)*

Exercise H6.
Enumerate what is needed. (solution p. 56)

1. Pour faire une mousse au chocolat, ... (œufs (m.), chocolat (m.), cognac (m.), sucre (m.))
2. Pour écrire un roman policier, ... (idée (f.), personnages intéressants (m.))
3. Pour faire les courses, ... (liste (f.), sac (m.), argent (m.))

Vocabulary:
pour + infinitive *(to, in order to)*, un œuf *(an egg)*, un roman policier *(a detective novel)*, un personnage *(a character in a novel)*, le sac *(the bag)*, l'argent *(m.; the money)*

I. Sentence construction: verbs with infinitives

Many verbs can have an infinitive as a complement instead of a noun (represented by "faire qc."). These infinitives can connect to the verb **without a preposition, with "de" or with "à"**.

> *Examples:*
> aimer qc.: J'aime la musique. *(I like music.)*
> **aimer faire qc.**: J'aime **voyager**. *(I like travel(l)ing.)*
>
> aider qn.: J'aide mon ami. *(I help my friend.)*
> **aider qn. à faire qc.**: J'aide mon ami **à faire ses devoirs**.
> *(I help my friend do his homework.)*
>
> oublier qc.: J'oublie toujours ma clé. *(I always forget my key.)*
> **oublier de faire qc.**: J'oublie toujours **de fermer la porte**.
> *(I always forget to close the door.)*

Common verbs with infinitives:

(1) Without a preposition

devoir faire qc. *(to have to/must do s.th.)*
pouvoir faire qc. *(to be able to do s.th. /can do s.th. .; also: to be allowed to do s.th.)*
vouloir faire qc. *(to want to do s.th.)*
savoir faire qc. *(to know how to do s.th.)*

écouter qn. faire qc. *(to listen to s.o. doing s.th.)*
entendre qn. faire qc. *(to hear s.o. doing s.th.)*
regarder qn. faire qc. *(to watch s.o. doing s.th.)*
voir qn. faire qc. *(to see s.o. doing s.th.)*

désirer faire qc. *(to wish to do s.th.)*
préférer faire qc. *(to prefer to do/doing s.th.)*
aimer faire qc. *(to like to do/doing s.th.)*
adorer faire qc. *(to adore/love doing s.th.)*
détester faire qc. *(to hate doing s.th.)*
il faut faire qc. *(it is necessary to do s.th.)*

(2) Infinitive with à

aider qn. à faire qc. *(to help s.o. do s.th.)*
apprendre à faire qc. *(to learn to do s.th.)*
(BUT: apprendre qc.; to learn s.th.)
commencer à faire qc. *(to start to do s.th.)*
(BUT: commencer qc.; to start s.th.)

(3) Infinitive with de

oublier de faire qc. *(to forget to do s.th.)*
(BUT: oublier qc.)
essayer de faire qc. *(to attempt to do s.th.)*
(BUT: essayer qc.)
demander à qn. de faire qc. *(to ask s.o. to do s.th.)*
(BUT: demander qc. à qn.; *to ask s.o. for s.th.*)
dire à qn. de faire qc. *(to tell s.o. to do s.th.)*
(BUT: dire qc. à qn.)
proposer à qn. de faire qc. *(to suggest doing s.th. to s.o.)*
(BUT: proposer qc. à qn.)
être en train de faire qc. *(to be (just/in the middle of) doing s.th.)*
avoir besoin de faire qc. *(to need to do s.th.)*
avoir envie de faire qc. *(to feel like doing s.th.)*
avoir peur de faire qc. *(to fear doing s.th.)*
avoir le courage de faire qc. *(to have the courage to do s.th.)*
avoir raison de faire qc. *(to be right to do s.th.)*
venir de faire qc. *(to have just done s.th.)*

être capable de faire qc. *(to be able to do s.th.)*
être content de faire qc. *(to be pleased to do s.th.)*
être heureux de faire qc. *(to be happy to do s.th.)*

Exercise I.
(a) **Translate.** (solution p. 57)

1. Bastien helps Amélie tidy up the room. (aider, ranger, la chambre)
2. I forget to do the homework. (oublier, faire, les devoirs)
3. I don't feel like working. (avoir envie, travailler)
4. Zoé suggests going to the cinema to Nadja. (proposer, aller, le cinéma)
5. I'm in the middle of reading a book. (être en train, lire, un livre)
6. Patrick is learning to make a cake. (apprendre, un gâteau)
7. We ask Olivier to come. (demander, venir)

8. Sandrine knows cooking. (savoir faire la cuisine)
9. Philippe can't come. (pouvoir venir)
10. I'm pleased to be here. (content, ici)

(b) Build sentences. (solution p. 57)

1. regarder – maman – faire – je (S) – un gâteau
2. à mon frère – fermer – papa – dire – la télé – de
3. de – Francine – avoir besoin – aide *(f.; the help)*
4. être capable – réparer – Bastien – de – les vélos
5. des légumes – manger – il faut
6. cet exercice – je – de – essayer – comprendre
7. Marc – un livre – à – lire – commencer
8. venir – boire – un café – je – de *(Hint: I just did it.)*
9. son examen – rater – avoir peur – Marc – de
10. aimer – aller – au cinéma – je

Vocabulary:
un gâteau *(a cake)*, le frère *(the brother)*, fermer qc. *(to close s.th.; here: to switch off)*, la télé *(the TV)*, réparer qc. *(to repair s.th.)*, le vélo *(the bike, the bicycle)*, les légumes *(m.; greens, vegetables)*, cet exercice *(this exercise; see chapter 12, p. 133)*, un examen *(an examination, an exam)*, rater qc. *(coll.; to fail at s.th.)*

Answer Keys

Solutions for A1.

L1. Sandrine <u>est</u> l'amie de Liliane.
L2. Sandrine et Liliane <u>sont</u> toujours ensemble.
L3. Tu <u>es</u> Philippe?
L4. Oui, je <u>suis</u> Philippe.
L5. Vous <u>êtes</u> de Marseille?
L6. Oui, nous <u>sommes</u> de Marseille.
L7. Un pique-nique, c'<u>est</u> une bonne idée.

Solutions for A2.

(a)
L1. Amélie et Zoé <u>ont</u> faim.
L2. Zoé: «J'<u>ai</u> encore un sandwich. Et toi, tu <u>as</u> encore quelque chose?»
L3. Amélie: «Non. Mais nous <u>avons</u> le temps. À la cafétéria, il y <u>a</u> des croissants.»
L4. À la cafétéria: «Vous <u>avez</u> encore des croissants, s'il vous plaît?»
(b)
L5. Tu <u>as</u> des amis, Xavier?
L6. Bien sûr. Daniel <u>est</u> très sympa.
L7. Xavier et Daniel <u>sont</u> dans la même classe.
L8. Donc, ils <u>ont</u> aussi les mêmes cours.

Solutions for A3.

L1. Les journalistes <u>font</u> des photos.
L2. Bastien <u>fait</u> un exercice de maths.
L3. Qu'est-ce que vous <u>faites</u>?
L4. Nous <u>faisons</u> la cuisine.
L5. Amélie <u>fait</u> la salade. Je <u>fais</u> la sauce. Toi, tu <u>fais</u> le dessert, d'accord?

Solutions for A4.

L1. Patrick et Bastien <u>vont</u> à l'école.
L2. Amélie: «Vous <u>allez</u> chez Carole?»
L3. Les garçons: «Non, nous <u>allons</u> à l'école. Et toi, tu <u>vas</u> où?»
L4. Amélie: «Je <u>vais</u> chez Carole.»
L5. Mais Carole n'est pas à la maison. Elle aussi, elle <u>va</u> à l'école.

Solutions for B.

L1. André <u>rencontre</u> Sandrine après les cours.
L2. Ils <u>cherchent</u> un cadeau pour Amélie.
L3. Caroline <u>arrive</u>. «Vous <u>préparez</u> une surprise pour Amélie? Je <u>trouve</u> toujours des idées dans les magasins du centre-ville.»
L4. André <u>pose</u> une question: «Tu <u>donnes</u> quelque chose à Amélie, toi?»
L5. Caroline <u>montre</u> un panier. «Oui, j'<u>apporte</u> un gâteau pour la fête.»
L6. «Sandrine et moi, nous ne <u>trouvons</u> pas d'idée. Nous n'<u>avons</u> pas d'argent.»
L7. «Ah bon. Alors, tu <u>apportes</u> ta guitare et toi, Sandrine, tu <u>joues</u> de la trompette. La musique, c'est aussi un cadeau!»

Solutions for C.

L1. M. Bonnot rêve d'un steak au poivre. (rêver de qc.)
L2. Félicien raconte une histoire drôle à Gabrielle. (raconter qc. à qn.)
L3. Marc cherche la clé dans le sac. (chercher qc.)
L4. Le prof donne un exercice aux élèves. (donner qc. à qn.)
L5. À cinq heures, Philippe téléphone à Daniel. *or* Philippe téléphone à Daniel à cinq heures.
L6. Le chien apporte le journal à M. Clocher.
L7. Émilie prépare une omelette dans la cuisine. *or* Dans la cuisine, Émilie prépare une omelette.
L8. Maman demande une explication à Lucien.
L9. M. Duval est content de la voiture.
L10. Aujourd'hui, Mme Ponce va à Paris. *or* Mme Ponce va à Paris aujourd'hui.

Solutions for D.

L1. Pierre dit à son petit frère: «<u>Va</u> à l'école!»
L2. Le pompier dit aux gens: «<u>Faites</u> attention!»
L3. Le randonneur dit à ses amis: «<u>Restons</u> ici.»
L4. Le policier dit à son chien: «<u>Cherche</u>!»
L5. On frappe à la porte. M. Duval dit: «<u>Entrez</u>.»
L6. Le prof dit aux élèves: «<u>Montrez</u> les devoirs.»
L7. Maman dit à la famille: «<u>Ayons</u> confiance en l'avenir.»
L8. Papa dit à Yannick: «<u>Sois</u> poli.»

Solutions for E.

(a)
L1. Marc <u>attend</u> le bus.
L2. <u>Rends</u> le livre à la bibliothèque.

L3. Tu <u>perds</u> toujours les clés.
L4. Nous <u>répondons</u> à la question du prof.
L5. <u>Attendez</u>, je <u>descends</u>.
(b)
L6. Les filles <u>entendent</u> un bruit bizarre.
L7. La grand-mère raconte une histoire et les enfants <u>écoutent</u>.
L8. Ne fais pas de bruit, j'<u>écoute</u> les informations.
L9. Hé! Tu fais trop de bruit! Je n'<u>entends</u> rien.

Solutions for F. (a)

	L1. **dormir**	L2. **réfléchir**
je	dors	réfléchis
tu	dors	réfléchis
il/elle/on	dort	réfléchit
nous	dormons	réfléchissons
vous	dormez	réfléchissez
ils/elles	dorment	réfléchissent

	L3. **partir**	L4. **réussir**
je	pars	réussis
tu	pars	réussis
il/elle/on	part	réussit
nous	partons	réussissons
vous	partez	réussissez
ils/elles	partent	réussissent

Imperative: dors, dormons, dormez; réfléchis, réfléchissons, réfléchissez; pars, partons, partez; réussis, réussissons, réussissez

Solutions for F. (b)

L1. Je <u>sens</u> le vent dans mes cheveux.
L2. <u>Finissez</u> vos devoirs.
L3. Le chat <u>sort</u> de la cuisine.
L4. Quel gâteau est-ce que tu <u>choisis</u>?
L5. Félicien <u>dort</u> sur le canapé.
L6. Nous <u>réfléchissons</u> à l'avenir.

Solutions for G.

L1. Vous <u>commencez</u>? Oui, nous <u>commençons</u>.
L2. Vous <u>achetez</u> du pain? Non, j'<u>achète</u> du lait.

L3. Nous <u>essayons</u> une nouvelle voiture. Et toi, tu <u>essaies</u> une moto.
L4. Nous <u>partageons</u> nos sandwichs. Et vous, vous <u>partagez</u> vos limonades?
L5. Je <u>jette</u> mes déchets à la poubelle. Vous aussi, <u>jetez</u> vos déchets.
L6. Vous <u>préférez</u> le café? Moi, je <u>préfère</u> le thé.
L7. <u>Range</u> ta chambre. Nous, nous <u>rangeons</u> le salon.
L8. Vous <u>appelez</u> les pompiers? Non, j'<u>appelle</u> la police!
L9. Vous <u>payez</u> en dollars? Non, je <u>paie</u> en euros.
L10. Tu <u>manges</u> une glace et nous, nous <u>mangeons</u> des croissants.

Solutions for H1.

L1. *Au restaurant:* Les enfants <u>prennent</u> des frites, mais nous, les parents, nous <u>prenons</u> des haricots verts. Et toi, qu'est-ce que tu <u>prends</u>?
L2. Les ouvriers <u>viennent</u> lundi. Le plombier <u>vient</u> le matin, le peintre <u>vient</u> l'après-midi. Vous, <u>venez</u> donc me voir le soir!
L3. *Les commerçants:* Je <u>tiens</u> une boutique de mode dans la rue principale. Mes voisins <u>tiennent</u> une boucherie. Votre mari et vous, vous <u>tenez</u> un kiosque devant la gare.
L4. Nous <u>apprenons</u> le vocabulaire ensemble. Les autres élèves <u>apprennent</u> les verbes.
L5. Je ne <u>comprends</u> pas la question. Mes amis ne la <u>comprennent</u> pas non plus. Vous la <u>comprenez</u>, vous?

Solutions for H2.

L1. Qu'est-ce que vous <u>dites</u>? Je <u>dis</u> que je suis fatigué. Les enfants aussi <u>disent</u> qu'ils sont fatigués.
L2. Mes parents <u>écrivent</u> toujours des cartes de vœux pour les fêtes. Vous <u>écrivez</u> des cartes, vous? Je n'en <u>écris</u> jamais.
L3. La prof <u>dit</u> aux élèves: «<u>Lisez</u> le texte à la page 20.» Les élèves <u>lisent</u> le texte. Mais, en secret, Marc <u>lit</u> une bande dessinée.

Solutions for H3.

(a)
L1. Je <u>dois</u> faire mes devoirs. Mon frère aussi. Ensuite, nous <u>devons</u> ranger la chambre. Mes parents <u>doivent</u> faire les courses. J'en ai assez, je <u>veux</u> jouer!
L2. Mon frère et moi, nous <u>voulons</u> un chien. Mais nos parents, eux, ils ne <u>veulent</u> pas d'animaux.
L3. Je ne <u>peux</u> pas aller voir grand-mère samedi. Mes enfants ne <u>peuvent</u> pas non plus. Est-ce que vous <u>pouvez</u> y aller à ma place?
L4. Maman ne <u>sait</u> pas nager. Ma sœur et moi, nous <u>savons</u> nager. Tous les enfants de ma classe <u>savent</u> nager. Mais maman a peur de l'eau.

L5. Je <u>sais</u> réparer les vélos. Ton vélo est cassé? Mercredi, j'ai le temps, je <u>peux</u> venir le réparer.

(b)
L1. Est-ce que je <u>peux</u> prendre le dernier morceau de gâteau?
(May I take the last piece of cake? Am I allowed to take it?)
L2. Est-ce que tu <u>sais</u> jouer aux échecs?
(Do you know how to play chess? Did you learn it?)
L3. M. Leblanc est malade, il ne <u>peut</u> pas venir.
(M. Leblanc is sick, he can't come, he isn't able to.)
L4. Nous <u>savons</u> parler français.
(We know how to speak French. We learned it.)

Solutions for H4.

(a)
L1. Valérie <u>met</u> une robe à la mode. Toutes ses amies <u>mettent</u> la même. Vous, vous <u>mettez</u> toujours vos jeans troués.
L2. «Je <u>vois</u> un lapin dans le pré!» «Où ça? Nous ne <u>voyons</u> rien.» «C'est normal. Les lapins nous <u>voient</u> et ils partent.»
L3. Est-ce que vous <u>connaissez</u> ce livre? Moi, je ne le <u>connais</u> pas. Personne ne le <u>connaît</u>.
L4. Je te <u>promets</u> de t'aider.
(b)
L5. Je ne <u>vois</u> pas Martine. Où est-elle?
L6. <u>Regarde</u> sur la table, il y a une lettre pour toi.
L7. Nous <u>regardons</u> un match de foot.
L8. Dans le noir, on ne <u>voit</u> rien.

Solutions for H5.

L1. Tu <u>bois</u> un verre de bière avec moi? Non, merci. Ma femme et moi, nous ne <u>buvons</u> jamais de bière. Les gens <u>boivent</u> trop d'alcool, je trouve.
L2. Cette voiture <u>plaît</u> à mon mari. Ces vélos <u>plaisent</u> à mes enfants.
L3. Je <u>crois</u> que M. le directeur a raison. Nous <u>croyons</u> tous que M. le directeur a raison. D'ailleurs, tous les employés <u>croient</u> que M. le directeur ne se trompe jamais.
L4. Trois croissants et une baguette, s'il vous <u>plaît</u>.

Solutions for H6.

L1. Pour faire une mousse au chocolat, <u>il faut des œufs, du chocolat, du cognac et du sucre.</u>

L2. Pour écrire un roman policier, <u>il faut une idée et des personnages intéressants.</u>

L3. Pour faire les courses, <u>il faut une liste, un sac et de l'argent.</u>

*(**Note:** partitive articles see chapter 1 C., p. 13)*

Solutions for I. (a)

L1. Bastien aide Amélie à ranger la chambre.
L2. J'oublie de faire les devoirs.
L3. Je n'ai pas envie de travailler.
L4. Zoé propose à Nadja d'aller au cinéma.
L5. Je suis en train de lire un livre.
L6. Patrick apprend à faire un gâteau.
L7. Nous demandons à Olivier de venir.
L8. Sandrine sait faire la cuisine.
L9. Philippe ne peut pas venir.
L10. Je suis content(e) d'être ici.

Solutions for I. (b)

L1. Je regarde maman faire un gâteau.
L2. Papa dit à mon frère de fermer la télé.
L3. Francine a besoin d'aide.
L4. Bastien est capable de réparer les vélos.
L5. Il faut manger des légumes.
L6. J'essaie de comprendre cet exercice.
L7. Marc commence à lire un livre.
L8. Je viens de boire un café.
L9. Marc a peur de rater son examen
L10. J'aime aller au cinéma.

4. Asking questions

A. Informal questions

(a) Without a question word

Colloquial questions made by **intonation** are easy: Keep the structure of the clause of statement and **raise your voice at the end of the sentence**.

clause of statement:	interrogative clause:	answer:
C'est Amélie. *(This is Amélie.)*	C'est Amélie? *(Is this Amélie?)*	Oui./Non, c'est... *(Yes./No, this is...)*
Ça va. *(I'm fine. Everything is fine.)*	Ça va? *(How are you? Are you alright?)*	Oui./Non./Ça va. *(Yes./No./I'm fine.)*

> *Another example:*
> Tu aimes le jazz? => Oui, j'aime le jazz.
> *(Do you like jazz? => Yes, I like jazz.)*

(b) With a question word

Place the question word of your colloquial question **at the end of the sentence**.

> Tu es **d'où**? *(Where do you come from?)* => Je suis de Paris.
> Marc habite **où**? *(Where does Marc live?)* => Marc habite rue La Fayette.
> Tu t'appelles **comment**? *(What is your name?)* => Je m'appelle Amélie.

Note: comment = how

And here is a question that is frequently learned at the beginning of a course, although it is not an informal question. Just note it for now.

> **Qui est-ce?** *(Who is this?)* => C'est Marc.

Exercise A.
These are the answers. Ask the questions. (solution p. 70)

1. C'est Marcel. *(Who...?)*
2. J'habite rue Saint-Pierre. *(Where...?)*
3. Je suis de Marseille. *(Where... from?)*
4. Je m'appelle Nadja. *(What is your name?)*
5. Oui, j'aime les crêpes. *(Do you like...?)*

Vocabulary:
j'habite *(I stay, I live in)*, la rue *(the street)*, je suis de ... *(I'm from ...)*, je
m'appelle *(I'm called ..., my name is ...)*, j'aime *(I like)*, les crêpes *(f.; pancakes)*

B. Questions with "est-ce que"

Adding "est-ce que" to a sentence changes it into a question. This is used in colloquial as well as in formal language, written or spoken.

(a) Without a question word

The structure of the sentence remains the same as that of a clause of statement, but **you add "est-ce que" at the beginning**. "que" becomes "qu'" before a vowel.

Examples:
Est-ce que c'est Marc? *(Is this Marc?)* => Oui./Non, c'est...
Est-ce que ça va? *(Are you alright?/How are you?)* => Oui./Non./Ça va.
Est-ce que tu aimes la musique? *(Do you like music?)* => Oui./Non.
Est-ce qu'elle habite à Paris? *(Does she live in Paris?)* => Oui./Non, elle habite à Marseille.

(b) With a question word

Put it at the beginning, right before "est-ce que".

Examples:
Qu'est-ce que c'est? *(What is this?)* => C'est un livre.
Qu'est-ce que tu aimes? *(What do you like?)* => J'aime les crêpes.
Où est-ce que tu habites? *(Where do you live?)* => J'habite à Paris.
D'où est-ce que tu es? *(Where are you from?)* => Je suis de Bordeaux.

Vocabulary:
le livre *(the book)*, la crêpe *(the pancake)*

Exercise B.
These are the answers. Ask the appropriate questions with "est-ce que".
(solution p. 70)

1. Je m'appelle Anaïs. *(What is your name? => Comment..?)*
2. C'est un croissant. *(What...?)*
3. Je cherche un livre. *(What...?)*
4. Oui, j'aime la mousse au chocolat. *(Do you like...?)*
5. Oui, j'ai une idée. *(Do you have...?)*
6. Nicole habite à Toulouse. *(Where...?)*
7. C'est un cactus. *(What...?)*
8. Oui, c'est Amélie. *(Is this...?)*
9. Je suis de Calais. *(Where... from?)*
10. Je fais un exercice. *(What are you doing?)*

Vocabulary:
je m'appelle => s'appeler *(to be called, to call oneself;* je m'appelle... = *my name is...),* chercher qn./qc. *(to look for s.o./s.th.),* un livre *(a book),* la mousse au chocolat *(chocolate mousse),* j'ai => avoir qc. *(to have s.th.),* une idée *(an idea),* je fais => faire qc. *(to do s.th.),* un exercice *(an exercise)*

C. "quel"

The general meaning of "quel" is "which". It is an interrogative adjective, that is, **it is attached to a noun with which it agrees in number and gender**.

	sg.	pl.
m.	**quel** livre...?	**quels** livres...?
f.	**quelle** chaise...?	**quelles** chaises...?

Examples:

Quel livre est-ce que tu cherches? *(Which book are you looking for?)*
Quelle chaise est-ce que tu prends? *(Which chair are you taking?)*
Quels livres est-ce que tu cherches? *(Which books...?)*
Quelles chaises est-ce que tu prends? *(Which chairs...?)*

Note that in some commonly used questions you translate "quel" differently.
>   *Examples:*
>   **Il est quelle heure?** *(What time is it?)*
>   => Il est deux heures. *(It is two o'clock.)*
>   **Tu as quel âge?** *(How old are you?)*
>   => J'ai dix ans. *(I'm ten years old.)*
>   **Quel temps est-ce qu'il fait?** *(How is the weather?)*
>   => Il pleut. *(It is raining.)* Il y a du vent. *(It is windy.)* Il fait beau.
>   *(The weather is good.)* Il neige. *(It is snowing.)*

=> "quel" may be used with a preposition (*Example:* avec quel = with which). See E3., p. 68.

Note: For more advanced learners there is also the interrogative pronoun "lequel". Learn more about it in the Beginner's Edition II or in the Advanced Learner's Edition.

Exercise C.

These are the answers. Ask the appropriate questions with "quel". (solution p. 70)

1. Nous prenons le train de 9 heures.
2. Je préfère les voitures (f.) rapides.
3. Je mets la jupe verte.
4. Il est trois heures.
5. Je cherche les chaussures (f.) de Patrick.
6. J'ai quinze ans.
7. J'aime les films d'horreur. (m.; *horror films*).
8. Il fait beau. *(The weather is good.)*
9. Je veux une glace à la fraise. *(strawberry ice cream)*
10. J'achète des biscuits (m.) au chocolat.

Vocabulary:

prendre qc. *(to take s.th.)*, le train *(the train)*, préférer qn./qc. *(to prefer s.o./s.th.)*, la voiture *(the car)*, rapide *(fast)*, mettre qc. *(here: to put on s.th.)*, la jupe *(the skirt)*, vert,e *(green)*, la chaussure *(the shoe)*, quinze *(fifteen)*, l'an *(m.; the year; avoir x ans = to be x years old)*, je veux => vouloir qc. *(to want s.th.)*, une glace *(an ice cream)*, la fraise *(the strawberry)*, j'achète => acheter qc. *(to buy s.th.)*, le biscuit *(the biscuit, the cookie)*, le chocolat *(the chocolate)*

D. Questions with inversion

Subject and predicate change positions. Use this form when the subject is a personal pronoun or "ce". Attach the pronouns to the verb with a hyphen.

clause of statement:	*question with inversion:*
Tu habites à Paris.	**Habites-tu** à Paris?
C'est une bonne idée.	**Est-ce** une bonne idée?
Vous voulez un dessert.	**Voulez-vous** un dessert?

Examples with a question word:
Comment vas-tu? *(How are you?)*
Quelle heure est-il? *(What time is it?)*
Quel âge as-tu? *(How old are you?)*
Que cherches-tu? *(What are you looking for?)*
Pourquoi est-il en retard? *(Why is he late?)*
Qui est-ce? *(Who is this?)*
Combien de tomates voulez-vous? *(How many tomatoes...?)*
Quand viens-tu? *(When are you coming?)*

PECULIARITY:
If two vowels collide in inversion, i.e., if the last letter of the verb is a vowel and the subject pronoun is il, elle or on, insert an additional "t" for better pronunciation.
>   *Examples:*
>   **Va-t-il** au cinéma? *(a collides with i => insert t)*
>   Où **habite-t-elle**? *(e collides with e => insert t)*

Note: It is not possible in every case to make an inversion with the personal pronoun "je"; however, the following examples are common.
>   *Examples:*
>   ai-je, dois-je, sais-je, suis-je, vais-je, puis-je *(! not: peux-je!)*

Also note: Under some circumstances you can make an inversion with a noun as a subject (and no hyphen). *(Example:* Comment va ton frère? *How is your brother?)* This and a more complex form of inversion as well are topics for advanced learners.

Summary

Intonation (informal)	Tu as faim? *(Are you hungry?)* Tu habites où? *(Where do you stay?)*
est-ce que	Est-ce que tu as faim? Où est-ce que tu habites?
Inversion	As-tu faim? Où habites-tu?

Exercise D.
These are the answers. Ask the appropriate questions with inversion.
(solution p. 70)

Hint: ! = the question word can't be translated literally

1. C'est à Lyon. *(Where is it?)*
2. Oui, elle mange un sandwich. *(Is she eating...?)*
3. Oui, il boit de l'eau. *(Does he drink water?)*
4. Oui, elles mangent un sandwich. *(Do they...?)*
5. Nous voulons trois cafés, s'il vous plaît. *(How many...?)*
6. Il est cinq heures. *(What time...? !)*
7. Nous faisons un exercice. *(What...?)*
8. C'est ma grand-mère. *(Who...?)*
9. Je m'appelle Christian. *(What is your name? !)*
10. Il a sept ans. *(How old...? !)*
11. Elles viennent à sept heures. *(When...?)*

E. Other question words

E1. qui est-ce qui, qui est-ce que, qu'est-ce qui, qu'est-ce que

The "est-ce que" question with "qui" *(who/whom)* and "que" *(what)* is a bit more complex. There is a change depending on whether you are asking about the subject (who/what?) or about the direct object (whom/what?).

(a) Asking about a person (who? whom?)

Qui est-ce qui...? (who?) => **asking about the subject**
      Example:
      Qui est-ce qui fait la vaisselle? => **Marc** fait la vaisselle.
      (Who does the washing up? => Marc does the washing up.)
=> The question word is the subject of the question – there is no other subject.
Because of this "est-ce que" becomes "est-ce qui"!

Qui est-ce que...? (whom?) => **asking about the direct object**
      Example:
      Qui est-ce que tu vas inviter? => Je vais inviter **les amis**.
      (Whom are you going to invite? => I'm going to invite our friends.)
=> "tu" is the subject of the question. "est-ce que" remains unchanged.

(b) Asking about things (what?)

Qu'est-ce qui...? (what?) => **asking about the subject**
      Example:
      Qu'est-ce qui manque? => **Les verres** manquent.
      (What is missing? => The glasses are missing.)
=> The question word is the subject of the question – there is no other subject.
Because of this, "est-ce que" becomes "est-ce qui"!

Qu'est-ce que...? (what?) => **asking about the direct object**
      Example:
      Qu'est-ce qu'elle cherche? => Elle cherche **le sucre**.
      (What is she looking for? => She is looking for the sugar.)
=> "elle" is the subject of the question. "est-ce que" remains unchanged.

Summary:

Who...? (subject)	Qui est-ce qui...?
Whom...? (object)	Qui est-ce que...?
What...? (subject)	Qu'est-ce qui...?
What...? (object)	Qu'est-ce que...?

Exercise E1.

These are the answers. Ask the appropriate questions with qui est-ce qui, qui est-ce que, qu'est-ce qui or qu'est-ce que. (solution p.71)

1. J'aime ma famille.
2. J'aime les crêpes.
3. La danse me passionne.
4. Patrick et Isabelle dansent ensemble.
5. Nous lisons un roman policier.
6. Les romans policiers nous intéressent.
7. Amélie me téléphone.
8. Je rencontre Nadja après l'école.

Vocabulary:
aimer qn./qc. *(to like or to love s.o./s.th.)*, la famille *(the family)*, la danse *(the dance, dancing)*, passionner qn. *(to fascinate s.o.)*, danser *(to dance)*, ensemble *(together)*, nous lisons => lire qc. *(to read s.th.)*, le roman policier *(the detective novel)*, intéresser qn. *(to interest s.o.)*, téléphoner à qn. *(to phone s.o.)*, rencontrer qn. *(to meet s.o.)*, après *(after)*, une école *(a school)*

E2. Quoi? (What?)

When do you use "que" and when do you use "quoi"? Quoi is used in clauses without a verb, with the informal question which puts the question word at the end (see A., p. 58) or with prepositions (see E3.).

Clauses without a verb:
Quoi? *(What? also colloquial for: Sorry?)*

Informal questions with the question word at the end:
Tu fais quoi? *(You are doing what?)*

With a preposition:
De quoi parlez-vous? *(What are you talking about? => parler de qc.)*
À quoi est-ce que vous jouez? *(What are you playing? => jouer à qc.)*

Exercise E2.
These are the answers. Ask the appropriate questions with "what?" in the indicated form. (solution p. 71)

1. C'est un cerf-volant. (est-ce que)
2. C'est un cerf-volant. (question word at the end)
3. C'est un cerf-volant. (inversion)
4. Je mange un croissant. (est-ce que)
5. Je mange un croissant. (question word at the end)
6. Je mange un croissant. (inversion)

Vocabulary:
un cerf-volant *(a kite)*, manger qc. *(to eat s.th.)*

E3. Questions with prepositions

"qui", "quoi" and "quel" can be used with prepositions, e.g., with the prepositions of verbs.

> *Examples:*
> **De qui** parlez-vous? => Nous parlons **de** Patrick.
> *(Whom are you talking about? parler de qn./qc.)*
> **À quoi** pensez-vous? => Nous pensons **aux** vacances.
> *(What are you thinking about? penser à qn./qc.)*
> **De quelle** ville venez-vous? => Nous venons **de** Strasbourg.
> *(Which town are you coming from?)*

Avec quel bus arrivez-vous?
(With which bus are you coming?)
Pour quelle raison êtes-vous en retard?
(For which reason/Why are you late?)
Sur qui comptez-vous?
(Whom do you rely/count on?)
Dans quoi est-ce que tu transportes tes affaires?
(In what do you carry your belongings?)

"où" can also be used with some prepositions: de *(from)*, par *(through)*, pour *(for)*, vers *(towards)*, jusque *(to, up to)*.
Examples:
D'où venez-vous? => Nous venons **de** Paris.
(Where do you come from?)
La souris passe **par où**? => Elle passe **par** ce trou.
(Where does the mouse slip through? => Through this hole.)

Exercise E3.
These are the answers. Ask the appropriate questions with "est-ce que" or inversion. (solution p. 71)

1. Je téléphone à Xavier.
2. J'ai peur des araignées.
3. J'habite dans la rue principale. *(In which street...?)*
4. Nous allons chez Bastien. *(To whom...?)*
5. Nous jouons au foot.
6. Je vote pour le maire.
7. Je prépare cette tarte avec de la crème.
8. Je joue du piano. *(Which instrument...? => un instrument)*

Vocabulary:
avoir peur de qc. *(to be afraid of s.th.)*, une araignée *(a spider)*, la rue principale *(the main street)*, jouer à qc. *(to play s.th. => games and sports)*, le foot *(abbreviation of* football*)*, voter pour qn. *(to vote for s.o.)*, le maire *(the mayor)*, la tarte *(the tart, the pie)*, la crème *(the cream)*, jouer de qc. *(to play s.th. => musical instrument)*, un instrument de musique *(a musical instrument)*

Answer Keys

Solutions for A.

L1. Qui est-ce? *(Who is this?)*
L2. Tu habites où? *(Where do you live/stay?)*
L3. Tu es d'où? *(Where are you from?)*
L4. Tu t'appelles comment? *(What is your name?)*
L5. Tu aimes les crêpes? *(Do you like pancakes?)*

Solutions for B.

L1. Comment est-ce que tu t'appelles? *(What is your name?)*
L2. Qu'est-ce que c'est? *(What is this?)*
L3. Qu'est-ce que tu cherches? *(What are you looking for?)*
L4. Est-ce que tu aimes la mousse au chocolat? *(Do you like chocolate mousse?)*
L5. Est-ce que tu as une idée? *(Do you have an idea?)*
L6. Où est-ce que Nicole habite? *(Where does Nicole live/stay?)*
L7. Qu'est-ce que c'est? *(What is this?)*
L8. Est-ce que c'est Amélie? *(Is this Amélie?)*
L9. D'où est-ce que tu es? *(Where are you from?)*
L10. Qu'est-ce que tu fais? *(What are you doing?)*

Solutions for C.

L1. Quel train est-ce que vous prenez? (Vous prenez quel train?)
L2. Quelles voitures est-ce que tu préfères? (Tu préfères quelles voitures?)
L3. Quelle jupe est-ce que tu mets? (Tu mets quelle jupe?)
L4. Il est quelle heure? *(A bit less pleasant: Quelle heure est-ce qu'il est? The most pleasant version: Quelle heure est-il? see 4 D., p. 64)*
L5. Quelles chaussures est-ce que tu cherches? (Tu cherches quelles chaussures?)
L6. Tu as quel âge? *(A bit less pleasant: Quel âge est-ce que tu as?)*
L7. Quels films est-ce que tu aimes? (Tu aimes quels films?)
L8. Quel temps est-ce qu'il fait? (Il fait quel temps?)
L9. Quelle glace est-ce que tu veux? (Tu veux quelle glace?)
L10. Quels biscuits est-ce que tu achètes? (Tu achètes quels biscuits?)

Solutions for D.

L1. Où est-ce?
L2. Mange-t-elle un sandwich?

L3. Boit-il de l'eau?
L4. Mangent-elles un sandwich?
L5. Combien de cafés voulez-vous?
L6. Quelle heure est-il?
L7. Que faites-vous?
L8. Qui est-ce?
L9. Comment t'appelles-tu? *(reflexive verbs see chapter 13, p. 137)*
L10. Quel âge a-t-il?
L11. Quand viennent-elles?

Solutions for E1.

L1. Qui est-ce que tu aimes?
L2. Qu'est-ce que tu aimes?
L3. Qu'est-ce qui te passionne?
L4. Qui est-ce qui danse ensemble?
L5. Qu'est-ce que vous lisez?
L6. Qu'est-ce qui vous intéresse? (*!* "vous" is a direct object pronoun, i.e., it is not the subject; see chapter 14, p. 145)
L7. Qui est-ce qui te téléphone?
L8. Qui est-ce que tu rencontres après l'école?

Solutions for E2.

L1. Qu'est-ce que c'est? *(What is this?)*
L2. C'est quoi? *(colloquial)*
L3. Qu'est-ce? *(very formal)*
L4. Qu'est-ce que tu manges? *(What are you eating?)*
L5. Tu manges quoi? *(colloquial)*
L6. Que manges-tu? *(formal)*

Solutions for E3.

L1. À qui est-ce que tu téléphones? /À qui téléphones-tu?
L2. De quoi est-ce que tu as peur? /De quoi as-tu peur?
L3. Dans quelle rue est-ce que tu habites? /Dans quelle rue habites-tu?
L4. Chez qui est-ce que vous allez? /Chez qui allez-vous?
L5. À quoi est-ce que vous jouez? /À quoi jouez-vous?
L6. Pour qui est-ce que tu votes? /Pour qui votes-tu?
L7. Avec quoi est-ce que tu prépares cette tarte? /Avec quoi prépares-tu cette tarte?
L8. De quel instrument est-ce que tu joues? /De quel instrument joues-tu?

5. Negation

A. Basic form: ne... pas (not)

In French negation consists of two words: ne... pas *(not)*. They enclose the conjugated verb. "ne" becomes "n'" before a vowel or a silent h.

> *Examples:*
> Tu **aimes** la musique?
> => Non, je **n'aime pas** la musique.
> *(No, I do not like music.)*
>
> C'**est** Philippe?
> => Non, ce **n'est pas** Philippe.
> *(No, this is not Philippe.)*

Exercise A.
Answer the questions with negative sentences. (solution p. 78)

1. C'est la cuisine? => Non, ...
2. Tu habites à Marseille?
3. Maman regarde la télé?
4. Tu as faim?
5. Est-ce que tu fais les devoirs?
6. Est-ce que tu es triste?

Vocabulary:
la cuisine *(the kitchen)*, habiter à + *town (to live/stay in ...)*, regarder la télé *(to watch TV)*, avoir faim *(to be hungry)*, faire les devoirs *(m.; to do the homework)*, triste *(sad)*

B. ne... plus, ne... rien, ne... personne, ne... jamais

There are other possibilities to negate a sentence. Common ones are:

ne... plus *(no more)*
ne... rien *(nothing)*
ne... personne *(nobody, no one)*
ne... jamais *(never)*

> *Examples:*
> Je **ne vais plus** à l'école. *(I don't go to school anymore.)*
> Je **ne cherche rien**. *(I'm not looking/searching for anything.)*
> Il **n'y a personne**. *(There is nobody.)*
> Je **ne regarde jamais** la télé. *(I never watch TV.)*

Note: There are other negations, e.g., ne... pas non plus *(also not)*. See Beginner's Edition II or Advanced Learner's Edition.

IMPORTANT:
Negating a sentence has an effect on the indefinite or partitive article that follows. This is explained in detail in chapter 1 D, p. 16. **Have a look at it and do the exercise.** If you have not yet learned the partitive article, this shortened explanation is for you:

If you negate an indefinite article, it changes to "de" (= no, not any).
> *Examples:*
> Tu as **des** biscuits?
> => Non, je n'ai pas **de** biscuits. *(No, I don't have any biscuits.)*
> Tu fais **un** gâteau?
> => Non, je ne fais pas **de** gâteau. *(No, I am not making a cake.)*

EXCEPTION:
In a clause with "être" the article remains unchanged, and with "aimer" you use mostly the definite article.
> *Examples:*
> Ce n'est pas **une** bonne idée. *(This isn't a good idea.)*
> Je n'aime pas **les** biscuits. *(I don't like biscuits.)*

Exercise B.
Negate the following sentences. (solution p. 78)

1. Nous faisons toujours les devoirs après l'école. (never)
2. Elles vont au supermarché. (not)
3. Marc cherche quelqu'un. (nobody)
4. Mme Bonnot donne un biscuit au chien. (no more)
5. J'oublie tout. (nothing)
6. J'ai une idée. (no)
7. Tu vas au restaurant? (no more)
8. Nous sommes toujours en retard. (never)
9. J'aime tout le monde. (nobody)
10. Je trouve quelque chose. (nothing)

Vocabulary:
toujours *(always)*, faire les devoirs *(to do the homework)*, après *(after)*, l'école *(f.; the school)*, le supermarché *(the supermarket)*, chercher qn. *(to look/search for s.o.)*, quelqu'un *(someone)*, donner qc. à qn. *(to give s.o. s.th.)*, le chien *(the dog)*, oublier qn./qc. *(to forget s.o./s.th.)*, tout *(everything)*, être en retard *(to be late)*, tout le monde *(everyone)*, trouver quelque chose *(to find something)*

C. Rien ne... and personne ne... as subjects

When used as subjects, these two negations become **"rien ne"** and **"personne ne"**. Like every subject they are placed before the verb.

> *Examples:*
> **Rien ne** me plaît. *(Nothing pleases me. /I like nothing.)*
> **Personne ne** vient. *(Nobody is coming.)*

Exercise C.
Answer the questions with a negative sentence. (solution p. 78)

1. Qu'est-ce que tu fais? (nothing)
2. Qu'est-ce qui t'intéresse? (nothing)
3. Qui aide Patrick? (nobody)
4. Qui est-ce que Patrick rencontre aujourd'hui? (nobody)
5. Qu'est-ce qui se passe? (nothing)
6. Qu'est-ce que vous cherchez? (nothing)
7. Qui est-ce que le commissaire voit sur le lieu du crime? (nobody)
8. Qui fait un gâteau? (nobody)

Vocabulary:
qu'est-ce que/qu'est-ce qui *(what)*, qui *(who)*, t' *(= te, you; object pronouns see chapter 14 A., p. 145)*, intéresser qn. *(to interest s.o.)*, aider qn. *(to help s.o.)*, rencontrer qn. *(to meet s.o.)*, aujourd'hui *(today)*, se passer *(to happen; reflexive verbs see chapter 13, p. 137)*, chercher qn./qc. *(to look for s.o./s.th.)*, le commissaire *(the superintendent)*, voir qn./qc. *(to see s.o./s.th.)*, le lieu du crime *(the scene of the crime)*, le gâteau *(the cake)*

D. Position with an infinitive or a participe passé

As explained in A., the two parts of the negation enclose the **conjugated part of the verb.** They also enclose its preceding **object and adverbial pronouns** (see chapter 14, p. 145).

> *Examples:*
> Au cinéma? Je **n'y vais jamais**. *(I never go there.)*
> Marc? Amélie **ne lui demande rien**. *(Amélie doesn't ask him anything.)*

Infinitives (e.g., avoir, venir) and participes passés (e.g., été, allé) are not conjugated and therefore not enclosed. This concerns clauses with infinitives as complements (chapter 3 I., p. 49), clauses with a verb in the futur proche (chapter 10, p. 125), in the passé composé (chapter 16, p. 175) or in another compound verb form.

> *Examples:*
> Tu **ne veux pas** venir? *(Don't you want to come?)*
> Je **ne vais rien** voir. *(I won't see a thing.)*
> Je **n'ai rien** vu. *(I didn't see anything.)*

EXCEPTION:
ne... personne encloses everything: conjugated verb, infinitive, participe passé.

> *Example:*
> Je **ne** vais rencontrer **personne**.
> *(I won't meet anyone.)*
> Je **n'ai** rencontré **personne**.
> *(I didn't meet anyone.)*

To negate an infinitive alone, place "ne pas" before it:

> *Example:*
> ne pas faire *(not to do)*
> => Maman me demande de **ne pas faire** de bêtises.
> *(Mummy is asking me not to do anything stupid. Verb with infinitive as a complement:* demander à qn. de faire qc.*)*

Exercise D.
Negate the following sentences. (solution p. 78)

1. Mes parents ont tout oublié. (rien)
2. Mon frère veut aller chez le dentiste. (jamais)
3. Je vais faire du camping. (pas)
4. Le témoin a vu quelque chose. (rien)
5. Le témoin a vu quelqu'un. (personne)
6. Mme Duval va voir le docteur Giraux. (plus)
7. Mme Duval va voir tout le monde. (personne)
8. J'ai peur de réussir. (pas; => negate "réussir")

Vocabulary:
tout *(everything)*, oublier qn./qc. *(to forget s.o./s.th.)*, le frère *(the brother)*, veut => vouloir faire qc. *(to want to do s.th.)*, le dentiste *(the dentist)*, faire du camping *(to go camping)*, le témoin *(the witness)*, vu => p.p. voir qn./qc. *(to see s.o./s.th.)*, aller voir qn. *(to go and see s.o., to pay s.o. a visit)*, tout le monde *(everyone)*, avoir peur de faire qc. *(to be afraid of doing s.th.)*, réussir qc. *(to succeed in s.th.)*

Answer Keys

Solutions for A.

L1. Non, ce <u>n'est pas</u> la cuisine.
L2. Non, je <u>n'habite pas</u> à Marseille.
L3. Non, maman <u>ne regarde pas</u> la télé.
L4. Non, je <u>n'ai pas</u> faim.
L5. Non, je <u>ne fais pas</u> les devoirs?
L6. Non, je <u>ne suis pas</u> triste.

Solutions for B.

L1. Nous <u>ne faisons jamais</u> les devoirs après l'école.
L2. Elles <u>ne vont pas</u> au supermarché.
L3. Marc <u>ne cherche personne</u>.
L4. Mme Bonnot <u>ne donne plus de</u> biscuit au chien.
L5. Je <u>n'oublie rien</u>.
L6. Je <u>n'ai pas d'</u>idée.
L7. Tu <u>ne vas plus</u> au restaurant?
L8. Nous <u>ne sommes jamais</u> en retard.
L9. Je <u>n'aime personne</u>.
L10. Je <u>ne trouve rien</u>.

Solutions for C.

L1. Je ne fais rien.
L2. Rien ne m'intéresse.
L3. Personne n'aide Patrick.
L4. Patrick ne rencontre personne aujourd'hui.
L5. Rien ne se passe.
L6. Nous ne cherchons rien.
L7. Le commissaire ne voit personne sur le lieu du crime.
L8. Personne ne fait de gâteau.

Solutions for D.

L1. Mes parents <u>n'ont rien</u> oublié.
L2. Mon frère <u>ne veut jamais</u> aller chez le dentiste.
L3. Je <u>ne vais pas</u> faire <u>de</u> camping.
L4. Le témoin <u>n'a rien</u> vu.
L5. Le témoin <u>n'a vu personne</u>.
L6. Mme Duval <u>ne va plus</u> voir le docteur Giraux.
L7. Mme Duval <u>ne va voir personne</u>.
L8. J'ai peur de <u>ne pas</u> réussir.

6. Numbers and time

A. Cardinal numbers from 1 to 20

0	zéro		
1	un, une	11	onze
2	deux	12	douze
3	trois	13	treize
4	quatre	14	quatorze
5	cinq	15	quinze
6	six	16	seize
7	sept	17	dix-sept
8	huit	18	dix-huit
9	neuf	19	dix-neuf
10	dix	20	vingt

With numerals you do not apostrophize.
> *Example:* de un à huit *(from one to eight)*

Before a feminine noun un *(one)* becomes une.
> *Example:*
> trois crêpes au sucre et une crêpe au chocolat
> *(three sugar pancakes and one chocolate pancake)*

> *Other examples:*
> $2 + 2 = 4$ deux **et (/plus)** deux **font** quatre
> $6 - 3 = 3$ six **moins** trois **font** trois
> $7 \times 2 = 14$ sept **fois (/multiplié par)** deux **font** quatorze
> $9 : 3 = 3$ neuf **divisé par** trois **font** trois

Exercise A.
Write the following equations in words like in the example above. (sol. p. 88)

1. $19 - 5 = 14$
2. $10 \times 2 = 20$
3. $1 + 17 = 18$
4. $13 + 3 = 16$
5. $15 - 4 = 11$
6. $12 : 2 = 6$
7. $9 - 2 = 7$
8. $8 \times 2 = 16$

B. Cardinal numbers from 21 to 69

21	vingt et un,e*	30	trente
22	vingt-deux	31	trente et un,e*
23	vingt-trois	32	trente-deux
24	vingt-quatre	33	trente-trois
25	vingt-cinq	34	trente-quatre
26	vingt-six	...	...
27	vingt-sept	40	quarante
28	vingt-huit	50	cinquante
29	vingt-neuf	60	soixante

With numbers like 21, 31 etc. before feminine nouns "un" becomes "une".
> *Example:*
> vingt et une histoires drôles *(twenty-one jokes)*

N.O.: The 1990 spelling reform allows to hyphenate *all* compound numbers: vingt-et-un,e, trente-et-un,e, etc.

Exercise B.
Write the following numbers in words. (solution p. 88)

1. 44	6. 57	11. 26
2. 69	7. 16	12. 14
3. 51	8. 25	13. 15
4. 38	9. 43	14. 11
5. 19	10. 32	15. 12

16. M. Lachance joue au loto. Il joue le _____ (13), le _____ (49), le _____ (36), le _____ (17), le _____ (21) et le _____ (10). Finalement, M. Lachance gagne _____ euros _____ (3,68 euros).

Vocabulary:
jouer à qc. *(to play s.th. => games or sports)*, le loto *(lotto)*, finalement *(finally)*, gagner qc. *(to win s.th.)*

C. Time

1 h	Il est une heure.
2 h	Il est deux heures.
3 h 05	Il est trois heures cinq.
15 h 01	Il est quinze heures **une**. (une minute)
5 h 15	Il est cinq heures **et quart**.
	(official time: Il est cinq heures quinze.)
5 h 45	Il est **six heures moins le quart**.
	(official time: Il est cinq heures quarante-cinq.)
4 h 30	Il est quatre heures **et demie**.
	(official time: Il est quatre heures trente.)
10 h 20	Il est dix heures vingt.
10 h 40	Il est **onze heures moins vingt**.
	(official time: Il est dix heures quarante.)
10 h 55	Il est **onze heures moins cinq**.
	(official time: Il est dix heures cinquante-cinq.)
12 h	Il est midi. *(noon, midday)*
0 h	Il est minuit. *(midnight)*
20 h	Il est vingt heures/huit heures **du soir**.
15 h	Il est quinze heures/trois heures **de l'après-midi**.
3 h	Il est trois heures **du matin**.

Note:

The more colloquial expressions with "et..." and "moins..." are used with the numbers up to 11 and with midi/minuit.

> *Examples:*
> **15 h 30**
> colloquial: Il est **trois** heures et demie.
> official: Il est **quinze** heures trente.
> **12 h 15**
> colloquial: Il est **midi** et quart.
> official: Il est **douze** heures quinze.

Vocabulary:

Il est quelle heure? Quelle heure est-il? *(What time is it?)*
une heure *(an hour; one o'clock)*
une minute *(a minute)*

une seconde *(a second)*
le quart d'heure *(the quarter of an hour)*
la demi-heure *(half an hour)*
dix heures et quart *(a quarter past ten)*
onze heures moins le quart *(a quarter to eleven)*
quatre heures et demie *(half past four)*
le soir *(the evening)*
le matin *(the morning)*
l'après-midi *(m.; the afternoon)*

Exercise C.
Write the following times in words. (solution p. 88)

Quelle heure est-il?
1. 13 h 30 => Il est...
2. 14 h 25
3. 18 h 45
4. 8 h 15
5. 10 h 01
6. 19 h 55
7. 12 h
8. 0 h
9. 9 h 30
10. 11 h 15

D. Cardinal numbers from 70 onwards

60	soixante	70	soixante-dix*
61	soixante et un,e	71	soixante et onze
62	soixante-deux	72	soixante-douze
63	soixante-trois	73	soixante-treize
64	soixante-quatre	74	soixante-quatorze
65	soixante-cinq	75	soixante-quinze
66	soixante-six	76	soixante-seize
67	soixante-sept	77	soixante-dix-sept
68	soixante-huit	78	soixante-dix-huit
69	soixante-neuf	79	soixante-dix-neuf
80	quatre-vingts*	90	quatre-vingt-dix*
81	quatre-vingt-un,e	91	quatre-vingt-onze
82	quatre-vingt-deux	92	quatre-vingt-douze
83	quatre-vingt-trois	93	quatre-vingt-treize
84	quatre-vingt-quatre	94	quatre-vingt-quatorze
85	quatre-vingt-cinq	95	quatre-vingt-quinze
86	quatre-vingt-six	96	quatre-vingt-seize
87	quatre-vingt-sept	97	quatre-vingt-dix-sept
88	quatre-vingt-huit	98	quatre-vingt-dix-huit
89	quatre-vingt-neuf	99	quatre-vingt-dix-neuf

* in Belgium and in French-speaking Switzerland:
70 = septante
80 = octante (Switzerland also: huitante)
90 = nonante

Mnemonic aid:
quatre-vingts (80)   => 4 x 20 = 80
soixante et onze (71)   => 60 + 11 = 71
quatre-vingt-dix (90)   => 80 + 10 = 90
etc.

N.O.: The 1990 spelling reform allows to hyphenate *all* compound numbers: soixante-et-un,e, soixante-et-onze, etc.

Other numbers:

100 cent	1000 mille
101 cent un,e	2000 deux mille
200 deux **cents**	2311 deux mille trois cent onze
201 deux cent un	100.000 cent mille
329 trois cent vingt-neuf	1.000.000 un million
	2.000.000 deux millions

"cent" gets a plural -s only with 200, 300, 400, etc., not with 201, 487 etc.; however, "mille" is invariable. With "million,s" and "milliard,s" *(= billion)* you connect nouns with "de".

> *Example:*
> deux millions **de** dollars /d'euros *(two million dollars /euros)*
> BUT: cent mille dollars /euros *(one hundred thousand dollars /euros)*

N.O.: The 1990 spelling reform allows to hyphenate *all* compound numbers: deux-cent-un, deux-mille-trois-cent-onze, etc.

Exercise D.
Write the following numbers in words. (solution p. 89)

1. 88	6. 74	11. 91
2. 99	7. 93	12. 200
3. 77	8. 82	13. 3001
4. 66	9. 71	
5. 86	10. 81	

14. «Que désirez-vous, madame?» «_____ (250) grammes de saucisson, s'il vous plaît.»

15. «Voilà, madame. Cela fait _____ (2,70 euros).»

16. «J'ai un billet de _____ (10). Cela ne vous fait rien de me rendre la monnaie?»

17. «Pas du tout. Voici vos _____ (7,30 euros). Bonne journée, madame.» «Merci. Bonne journée à vous aussi.»

Vocabulary:
désirer qc. *(to desire, to want; here:* que désirez-vous? *= what can I do for you?)*, le saucisson *(dry sausage, salami)*, cela fait... *(that's..., that'll be...)*, un billet *(here: a banknote)*, cela ne vous fait rien de...? *(do you mind...?)*, rendre qc. à qn. *(to give s.th. back to s.o.)*, la monnaie *(the (small) change)*, pas du tout *(not at all)*, la journée *(the day; seen as a course of events, otherwise: le jour;* Bonne journée. *= Have a good day.)*

E. Ordinal numbers

With the exception of some irregularities the basic pattern is:

Cardinal number + ième

1er	le premier	11e	le/la onzième
1re	la première	12e	le/la douzième
2nd	le second	17e	le/la dix-septième
2nde	la seconde	20e	le/la vingtième
2e	le/la deuxième	21e	le/la vingt et unième*
3e	le/la troisième	60e	le/la soixantième
4e	le/la quatrième	70e	le/la soixante-dixième
5e	le/la **cinquième**	80e	le/la quatre-vingtième
9e	le/la **neuvième**	90e	le/la quatre-vingt-dixième
10e	le/la dixième	100e	le/la centième

Note the two possibilities for "the 2nd".
(*The 1990 spelling reform allows le/la vingt-et-unième, etc.)

Dates:
Only the first day of a month gets the ordinal number, the others get cardinal numbers!
> *Examples:*
> le 1er janvier => le premier janvier
> le 3 mars => le trois mars

Years:
There are two ways to pronounce them until they reach the year 2000.
> *Example:* 1955
> => mille neuf cent cinquante-cinq
> => dix-neuf cent cinquante-cinq
> *Example:* 2013
> => deux mille treize

Exercise E.
Write the following numbers in words. (solution p. 89)

1. 101e
2. 1re (f.)
3. 2nd/2e (m.; two possibilities)
4. 12e
5. 9e
6. 14e
7. 5e
8. 8e
9. 15e
10. 91e
11. Nous sommes le _____ (1er) mars.
12. Nous sommes le _____ (2) mars.

F. Fractions

1/2 un demi	3/4 trois quarts
1/3 un tiers	4/5 quatre cinquièmes
1/4 un quart	
1/5 un cinquième	1 1/2 un et demi
1/6 un sixième	3 1/4 trois un quart

Note the plural -s when the numerator is larger than 1.

Examples:
un demi-melon *(a half melon)*
une demi-bouteille *(a half bottle)*
un melon et demi *(one and a half melons)*
un quart de litre *(a quarter of a litre)*
un litre et quart *(one and a quarter litres)*
le quart de la classe *(a quarter of the class)*
le/un dixième des élèves *(a tenth of the pupils)*
les trois **quarts** du gâteau *(three quarters of the cake)* *(=> The definite article is used quite a lot if there is a complement with "de" that follows.)*

Watch out: half (as a noun) = la moitié
            half of the cake = la moitié du gâteau

Expressions:
trois mois/un trimestre *(three months, a quarter)*
six mois/un semestre *(a half-year)*
une demi-heure *(half an hour)*
une heure et demie *(one and a half hours)*
dans quinze jours *(in two weeks, a fortnight)*
une personne sur quatre *(1 person out of 4)*

Exercise F.
Translate. (solution p. 89)

1. half a croissant
2. a third of the pupils (les élèves)
3. three and a half days (le jour)
4. a quarter of an hour
5. a tenth of the sum (la somme)
6. three quarters of the group (le groupe)
7. half (as a noun) of the time (le temps)

Answer Keys

Solutions for A.

L1. dix-neuf moins cinq font quatorze (19 – 5 = 14)
L2. dix fois (/multiplié par) deux font vingt (10 x 2 = 20)
L3. un et (/plus) dix-sept font dix-huit (1 + 17 = 18)
L4. treize et (/plus) trois font seize (13 + 3 = 16)
L5. quinze moins quatre font onze (15 – 4 = 11)
L6. douze divisé par deux font six (12 : 2 = 6)
L7. neuf moins deux font sept (9 – 2 = 7)
L8. huit fois (/multiplié par) deux font seize (8 x 2 = 16)

Solutions for B.

L1. quarante-quatre (44)
L2. soixante-neuf (69)
L3. cinquante et un (51; *N.O.:* cinquante-et-un)
L4. trente-huit (38)
L5. dix-neuf (19)
L6. cinquante-sept (57)
L7. seize (16)
L8. vingt-cinq (25)
L9. quarante-trois (43)
L10. trente-deux (32)
L11. vingt-six (26)
L12. quatorze (14)
L13. quinze (15)
L14. onze (11)
L15. douze (12)
L16. M. Lachance joue au loto. Il joue le treize (13), le quarante-neuf (49), le trente-six (36), le dix-sept (17), le vingt et un* (21; *N.O.:* vingt-et-un) et le dix (10). Finalement, M. Lachance gagne trois euros soixante-huit (3,68 euros).

Solutions for C.

L1. Il est une heure et demie. *or:* Il est treize heures trente. (13 h 30)
L2. Il est quatorze heures vingt-cinq. *or:* Il est deux heures vingt-cinq. (14 h 25)
L3. Il est dix-huit heures quarante-cinq. or: Il est sept heures moins le quart. (18 h 45)
L4. Il est huit heures quinze. *or:* Il est huit heures et quart. (8 h 15)
L5. Il est dix heures une. (10 h 01)
L6. Il est dix-neuf heures cinquante-cinq. or: Il est huit heures moins cinq. (19 h 55)
L7. Il est midi. *or:* Il est douze heures. (12 h)
L8. Il est minuit. (*or:* Il est zéro heure.) (0 h)
L9. Il est neuf heures trente. *or:* Il est neuf heures et demie. (9 h 30)
L10 Il est onze heures quinze. *or:* Il est onze heures et quart. (11 h 15)

Solutions for D.

L1. quatre-vingt-huit (88)
L2. quatre-vingt-dix-neuf (99)
L3. soixante-dix-sept (77)
L4. soixante-six (66)
L5. quatre-vingt-six (86)
L6. soixante-quatorze (74)
L7. quatre-vingt-treize (93)
L8. quatre-vingt-deux (82)
L9. soixante et onze (71; *N.O.:* soixante-et-onze)
L10. quatre-vingt-un,e (81)
L11. quatre-vingt-onze (91)
L12. deux cents (200; *N.O.:* deux-cents)
L13. trois mille un (3001; *N.O.:* trois-mille-un)
L14. «Que désirez-vous, madame?» «Deux cent cinquante (250; *N.O.:* deux-cent-cinquante) grammes de saucisson, s'il vous plaît.»
L15. «Voilà, madame. Cela fait deux euros soixante-dix (2,70 euros).»
L16. «J'ai un billet de dix (10). Cela ne vous fait rien de me rendre la monnaie?»
L17. «Pas du tout. Voici vos sept euros trente (7,30 euros). Bonne journée, madame.» «Merci. Bonne journée à vous aussi.»

Solutions for E.

L1. le/la cent unième (101e; *N.O.:* le/la cent-unième)
L2. la première (1re, f.)
L3. le second *or* le deuxième (2nd/2e; m.)
L4. le/la douzième (12e)
L5. le/la neuvième (9e)
L6. le/la quatorzième (14e)
L7. le/la cinquième (5e)
L8. le/la huitième (8e)
L9. le/la quinzième (15e)
L10. le/la quatre-vingt-onzième (91e)
L11. Nous sommes le premier (1er) mars.
L12. Nous sommes le deux (2) mars.

Solutions for F.

L1. un demi-croissant
L2. un tiers des élèves (*or:* le tiers des élèves)
L3. trois jours et demi
L4. un quart d'heure
L5. le dixième de la somme (*or:* un dixième de la somme)
L6. les trois quarts du groupe
L7. la moitié du temps

7. Nouns

A. Basics: gender and number

(a) Gender

In French nouns are either **masculine (m.)** or **feminine (f.)**. Learn every new noun together with its article (chapter 1), which shows the gender, e.g., learn "une école" *(a school)* instead of just "école" or "l'école".

> *Examples:*
> le cinéma, m. *(the cinema)*
> la musique, f. *(the music)*

(b) Number

The plural form of most French nouns is with an **"-s" added to the end of the word**.

> *Example:*
> le livre => les livres *(the book – the books)*
> une fille => des filles *(a girl – several girls)*

Exercise A.
Form the plural. (solution p. 95)

1. un texte
2. le sport
3. l'école
4. une crêpe
5. la chaise

Vocabulary:
un texte *(a text)*, une école *(a school)*, une crêpe *(a pancake)*, la chaise *(the chair)*

B. Special feminine forms

Some nouns have a masculine and a feminine form with the same stem. Learn both forms. **Here are some examples (not rules!):**

(a) Just change the article
> *Examples:*
> un élève – une élève *(a pupil – boy and girl)*
> un secrétaire – une secrétaire *(a secretary – man and woman)*

(b) Add an -e
> *Examples:*
> un auteur – une auteure *(an author)*
> le président – la présidente *(the president)*
> un avocat – une avocate *(a lawyer)*

(c) Duplicate the final consonant and add -e
> *Examples:*
> le chien – la chienne *(the dog – the female dog)*
> le chat – la chatte *(the cat/tomcat – the female cat)*
> un citoyen – une citoyenne *(the citizen)*

(d) -eur becomes -euse
> *Examples:*
> le chanteur – la chanteuse *(the singer)*
> le voleur – la voleuse *(the thief)*
> le nageur – la nageuse *(the swimmer)*

(e) -eur becomes -rice
> *Examples:*
> un acteur – une actrice *(an actor – an actress)*
> un directeur – une directrice *(a director or a manager)*
> un spectateur – une spectatrice *(a spectator)*

(f) -ger becomes -gère, -ier becomes -ière
> *Examples:*
> le boulanger – la boulangère *(the baker)*
> un ouvrier – une ouvrière *(a workman – a workwoman)*
> un infirmier – une infirmière *(a male nurse – a nurse)*

(g) Special forms
Examples:
un dieu – une déesse *(a god – a goddess)*
le roi – la reine *(the king – the queen)*
le fou – la folle *(the madman – the madwoman)*

Exercise B.
Form the feminine. (solution p. 95)

1. un journaliste *(a journalist)*
2. un voisin *(a neighbo(u)r)*
3. un musicien *(a musician)*
4. un tricheur *(a cheat, a trickster)*
5. un employé *(an employee)*
6. un Français *(a Frenchman)*
7. le directeur *(the director)*
8. un correspondant *(a penfriend, a correspondent)*
9. un étranger *(a stranger, a foreigner)*
10. un ami *(a friend)*

C. Special plural forms

(a) Singular forms ending in -s, -x or -z remain unchanged.
Examples:
le héros *(the hero)* => les héros
la croix *(the cross)* => les croix
le nez *(the nose)* => les nez

(b) Nouns in -eau form their plural with -x.
Examples:
le bateau *(the boat)* => les bateaux
le bureau *(the office)* => les bureaux
l'eau *(the water)* => les eaux

(c) Nouns in -al form their plural with -aux.
Examples:
le cheval *(the horse)* => les chevaux
le journal *(the newspaper)* => les journaux
l'animal *(the animal)* => les animaux

(d) Nouns in -eu form their plural with -eux.
Examples:
le feu *(the fire)* => les feux
le jeu *(the game)* => les jeux
un dieu *(a god)* => des dieux

(e) The following seven nouns in *-ou* form their plural with -x:
le bijou *(the jewel)* => les bijoux
le caillou *(the pebble)* => les cailloux
le chou *(the cabbage)* => les choux
le genou *(the knee)* => les genoux
le hibou *(owl with ear tufts)* => les hiboux
le pou *(the louse)* => les poux
le joujou *(the toy; baby talk)* => les joujoux

(f) Special forms
Examples:
un travail *(work)* => des travaux
un œil *(an eye)* => des yeux
monsieur => messieurs
madame => mesdames
mademoiselle => mesdemoiselles

Note: To each one there are exceptions that form the plural as usual with -s, e.g., le pneu *(the tyre/tire)* => les pneus, le bal *(the ball)* => les bals. More examples are to be found in the Advanced Learner's Edition.

Exercise C.
Form the plural. (solution p. 95)

1. le cadeau *(the gift)*
2. l'ami *(the friend)*
3. un hôpital *(an hospital)*
4. le nez *(the nose)*
5. un œil *(an eye)*
6. un château *(a castle)*
7. une croix *(a cross)*
8. un animal *(an animal)*
9. madame
10. un jeu *(a game)*
11. la musique *(the music)*
12. le travail *(the work)*
13. le bijou *(the jewel)*
14. le canal *(the canal, the channel)*
15. le feu *(the fire)*
16. monsieur

Answer Keys

Solutions for A.

L1. des textes
L2. les sports
L3. les écoles
L4. des crêpes
L5. les chaises

Solutions for B.

L1. une journaliste
L2. une voisine
L3. une musicienne
L4. une tricheuse
L5. une employée
L6. une Française
L7. la directrice
L8. une correspondante
L9. une étrangère
L10. une amie

Solutions for C.

L1. les cadeaux
L2. les amis
L3. des hôpitaux
L4. les nez
L5. des yeux
L6. des châteaux
L7. des croix
L8. des animaux
L9. mesdames
L10. des jeux
L11. les musiques
L12. les travaux
L13. les bijoux
L14. les canaux
L15. les feux
L16. messieurs

8. Adjectives

A. Basics: agreement and position

A1. Agreement

Adjectives refer to a **noun** (or a pronoun) and **agree with it** in gender and number.

(1) Gender

Usually the **feminine form** takes an **-e** (except if the adjective already ends in -e without an accent).

> *Examples:*
> C'est un **petit** garçon. => C'est une **petite** fille.
> C'est un film **intéressant**. => C'est une histoire **intéressante**.
> C'est un homme **fatigué**. => C'est une femme **fatiguée**.

> BUT:
> un exercice difficile => une question difficile
> un exercice facile => une question facile

Vocabulary:
petit,e *(little, small)*, le garçon *(the boy)*, la fille *(the girl)*, intéressant,e *(interesting)*, une histoire *(a story, a tale)*, un homme *(a man)*, fatigué,e *(tired)*, une femme *(a woman)*, un exercice *(an exercise)*, difficile *(difficult)*, une question *(a question)*, facile *(easy)*

(2) Number

Usually the **plural** takes an **-s** (except if the adjective already ends in -s or -x).

> *Examples:*
> C'est un **petit** garçon. => Ce sont des **petits** garçons.
> C'est une **petite** fille. => Ce sont des **petites** filles.

> BUT:
> un livre français => des livres français
> un homme heureux => des hommes heureux

Vocabulary:
français *(French)*, heureux *(happy)*

Exercise A1.
Add the appropriate form of the adjective. (solution p. 110)

1. Nadine et Valérie préparent une _____ salade. (grand)
2. La salle de bains est _____. (libre)
3. Le petit-déjeuner est _____. (prêt)
4. En été, les nuits (f.) sont _____. (chaud) En hiver, elles sont _____. (froid)
5. L'entrée (f.; here: *admission*) est _____. (gratuit)
6. Sandrine a deux _____ frères et trois _____ sœurs. (grand, petit)

Vocabulary:
préparer qc. *(to prepare s.th.)*, grand,e *(big, large)*, la salle de bains *(the bathroom)*, libre *(free)*, le petit-déjeuner *(the breakfast)*, prêt,e *(ready)*, l'été *(m.; the summer)*, la nuit *(the night)*, chaud,e *(warm, hot)*, l'hiver *(m.; the winter)*, froid,e *(cold)*, gratuit,e *(free of charge)*, un frère *(a brother)*, une sœur *(a sister)*

A2. Position

An adjective placed directly before or after its noun is used in an "attributive" way.

> *attributive:*
> un film **intéressant**
> un **petit** enfant

An adjective connected to its noun with "être" or a similar verb (e.g., devenir = to become) is used in a "predicative" way.

> *predicative:*
> le film **est intéressant**
> l'enfant **est petit**

With the attributive usage most adjectives are placed after the noun.

> *Examples:*
> un exercice **facile** *(an easy exercise)*
> un exercice **difficile** *(a difficult exercise)*
> un film **intéressant** *(an interesting film)*
> un livre **français** *(a French book)*
> une atmosphère **agréable** *(a pleasant atmosphere)*
> une idée **formidable** *(a great idea)*

Some short adjectives are placed before the noun:
> *Examples:*
> une **petite** fille *(a little girl)*
> un **grand** chien *(a big dog)*
> un **joli** chapeau *(a pretty hat)*
> un **bon** gâteau *(a good cake; see B., p. 99)*
> un **jeune** homme *(a young man)*

More of these:
vieux *(old; see D., 105)*, mauvais,e *(bad)*, beau *(beautiful; see D.)*, gros *(thick, big; see B., 99)*, vilain,e *(ugly, naughty)*; *and when speaking about time, not space:* long,ue *(long)*, court,e *(short)*

Note: In certain contexts these adjectives may still be placed after the noun. Some of them change their meaning according to their position, e.g., **cher** Daniel *(dear Daniel)*; une voiture **chère** *(an expensive car)*.

Exercise A2.
Put the appropriate form of the adjective in the right place. (solution p. 110)

1. Damien trouve un _____ cadeau _____ (formidable) pour sa _____ correspondante (f.) _____ (français).
2. C'est une _____ chambre _____ (agréable) avec un _____ canapé _____. (joli)
3. Une _____ chaise _____ (petit)? Mais ce _____ homme _____ (jeune) est très _____! (grand)
4. Le dimanche, c'est un _____ jour _____ pour faire un pique-nique. (bon)
5. M. Franchet a un _____ travail _____. (difficile) Il est prof.

Vocabulary:
trouver qc. *(to find s.th.)*, un cadeau *(a gift)*, formidable *(wonderful, great)*, sa correspondante *(his penfriend)*, la chambre *(the room)*, agréable *(agreeable, pleasant)*, le canapé *(the couch)*, la chaise *(the chair)*, ce *(this)*, un homme *(a man)*, très *(very)*, dimanche *(Sunday)*, le jour *(the day)*, le pique-nique *(the picnic)*, le travail *(the job, the work)*, difficile *(difficult, hard)*

B. Special forms

Here are some typical examples. When in doubt about the form of an adjective, remember to use a dictionary.

1) Special feminine forms

(a) Doubling the final consonant:
-el => -elle
> *Examples:*
> criminel, criminelle *(criminal)*
> réel, réelle *(real)*
> personnel, personnelle *(personal)*

-il => -ille
> *Example:*
> gentil, gentille *(kind, nice)*

-ien, -on, -an-, -en => -ienne, -onne, -anne, -enne
> *Examples:*
> italien, italienne *(Italian)*
> bon, bonne *(good)*
> paysan, paysanne *(peasant, rural)*
> moyen, moyenne *(average, medium, middle)*

-s => -sse
> *Examples:*
> gros, grosse *(thick)*
> bas, basse *(low)*
> gras, grasse *(fat, greasy)*

In some cases: -et, -t => -ette, -tte
> *Examples:*
> muet, muette *(mute, dumb, silent, speechless)*
> sot, sotte *(silly)*
> coquet, coquette *(coquettish, smart)*
> **BUT:** idiot, idiote *(idiotic)*; complet, complète *(complete; see b)*

(b) Additional accent grave with -ier, -et and -er:

dernier, dernière *(last)*
premier, première *(first)*
complet, complète *(complete)*
inquiet, inquiète *(worried, anxious)*
léger, légère *(light)*

(c) Other special forms:

-eur => -euse

Examples:
menteur, menteuse *(lying)*
moqueur, moqueuse *(mocking, derisive)*
rieur, rieuse *(cheerful, laughing)*

-eur => -rice

Examples:
conservateur, conservatrice *(conservative)*
destructeur, destructrice *(destructive)*
provocateur, provocatrice *(provocative)*

-eux => -euse

Examples:
dangereux, dangereuse *(dangerous)*
heureux, heureuse *(happy)*
sérieux, sérieuse *(serious)*
curieux, curieuse *(curious)*

-if => -ive

Examples:
actif, active *(active)*
passif, passive *(passive)*
naïf, naïve *(naive, simple)*
vif, vive *(lively)*

Others:

faux, fausse *(false, wrong)*
roux, rousse *(red, red-haired, ginger)*
doux, douce *(soft, gentle)*
neuf, neuve *(new/brand-new)*
blanc, blanche *(white)*
long, longue *(long)*
frais, fraîche *(fresh)*
public, publique *(public)*
sec, sèche *(dry)*
jumeau, jumelle *(twin)*

(2) Special plural forms

-eau forms the plural with -x:
>   un beau cadeau => des beaux cadeaux *(beautiful, see D., 105)*

The plural of many adjectives in -al:
pl.m. => -aux
>   un geste amical *(friendly)* => des gestes amicaux
>   un homme normal *(normal)* => des hommes normaux
>   un cours spécial *(special)* => des cours spéciaux

pl.f. => -ales:
>   une pensée amicale => des pensées amicales
>   une femme normale => des femmes normales
>   une idée spéciale => des idées spéciales

Others: national, libéral...
(Some adjectives ending in -al may be regular, e.g., banal /banals /banale /banales.)

Vocabulary:
un geste *(a gesture)*, un cours *(a course)*, une pensée *(a thought)*

Exercise B.
Add the appropriate form of the adjective. (solution p. 110)

1. Estelle a une amie _____ (italien). Elle a aussi beaucoup d'autres amis _____ (européen).
2. J'ai une _____ (mauvais) note. C'est la _____ (premier) fois. *(= the first time)*
3. M. Landerneau achète une voiture _____ (neuf). Elle est _____ (blanc), de taille (f.) _____ (moyen) et _____ (bas). Et elle est _____ (cher)!
4. Mme Landerneau est _____ (heureux). Elle passe ses vacances (f.) dans une _____ (petit) pension au bord de la mer.
5. Cette glace à la fraise est très _____ (bon). Il y a peut-être de la crème _____ (frais) dedans.
6. Mon amie Francine est très _____ (gentil).
7. Cette œuvre d'art (f.) est _____ (faux).
8. On entend une _____ (doux) musique sur la place _____ (public).
9. Un détective privé mène une vie _____ (actif) et _____ (dangereux).
10. Ma collection d'autocollants est _____ (complet).
11. Les Duval, ce sont des gens (m.) _____ (normal).
12. La chanteuse porte une robe _____ (long) et _____ (élégant).

Vocabulary:
beaucoup de *(many, much)*, autre *(other)*, la note *(here: the mark, the grade at*

school), acheter qc. *(to buy s.th.)*, la taille *(the size)*, passer des vacances *(to spend one's holidays)*, la pension *(the boarding house)*, au bord de la mer *(at the seaside)*, la glace à la fraise *(the strawberry ice cream)*, peut-être *(maybe)*, la crème *(the cream)*, dedans *(inside)*, une œuvre d'art *(a work of art)*, la place *(the place, the square)*, mener qn./qc. *(to lead s.o./s.th.)*, une collection *(a collection)*, un autocollant *(a sticker)*, les gens *(m.pl.; people)*, la chanteuse *(the singer)*, porter qc. *(here: to wear s.th.; otherwise: to carry)*, la robe *(the dress, the gown)*

C. Colo(u)r adjectives

Colo(u)r adjectives are like most other adjectives: They agree with a noun and are placed after it.

m.sg.	f.sg.	m.pl.	f.pl.	
bleu	bleue	bleus	bleues	*blue*
vert	verte	verts	vertes	*green*
noir	noire	noirs	noires	*black*
gris	grise	gris	grises	*grey*
jaune	jaune	jaunes	jaunes	*yellow*
rouge	rouge	rouges	rouges	*red*
blanc	blanche	blancs	blanches	*white*
violet	violette	violets	violettes	*purple*

Examples:
la porte verte *(the green door)*
la porte est verte *(the door is green)*
les chaussures blanches *(the white shoes)*
les chaussures sont blanches *(the shoes are white)*

But colo(u)r adjectives that are in fact nouns used as adjectives are invariable.
Examples:
des chaussures **orange** *(orange shoes)*
une jupe **marron** *(a brown dress)*
=> From: une orange *(an orange)*, un marron *(a chestnut)*

Compound colo(u)r adjectives are invariable as well.
Examples:
vert bouteille *(bottle green)*
bleu ciel *(sky-blue)*
jaune citron *(lemon-coloured)*
rouge foncé *(dark red)*
gris clair *(light grey)*

Exercise C.
Add the appropriate form of the adjective. (solution p. 110)

1. Aujourd'hui, je mets une veste _____ (bleu) et des chaussures (f.) _____
(noir)... avec des chaussettes _____ (orange).
2. La casquette _____ (vert) de Pierre a une tache _____ (blanc). C'est peut-être
à cause d'un oiseau...
3. Je préfère les voitures (f.) _____ (rouge). Les voitures _____ (gris) sont
ennuyeuses. Et les voitures _____ (marron), cela fait sale.
4. J'achète une écharpe _____ (jaune) et _____ (violet). Ces gants (m.) _____
(violet) me plaisent aussi.
5. Cette robe _____ (jaune canari) avec cette ceinture _____ (vert olive) est
horrible.

Vocabulary:
aujourd'hui *(today)*, mettre qc. *(here: to put on s.th.)*, une veste *(a jacket)*, une
chaussure *(a shoe)*, une chaussette *(a sock)*, une casquette *(a cap)*, la tache *(the
spot, the stain)*, peut-être *(maybe)*, à cause de *(because of)*, un oiseau *(a bird)*, la
voiture *(the car)*, ennuyeux,se *(boring)*, faire sale *(to look dirty)*, acheter qc. *(to
buy s.th.)*, une écharpe *(a scarf)*, le gant *(the glove)*, plaire à qn. *(to please s.o.;
qc. me plaît = I like s.th.)*, la robe *(the dress, the gown)*, la ceinture *(the belt)*

D. beau (beautiful), nouveau (new), vieux (old)

These three adjectives have a **special masculine singular form** when **placed before a vowel** (or a silent h):

un **beau** jour	=> des **beaux** jours
un **bel** arbre	=> des **beaux** arbres
une **belle** femme	=> des **belles** femmes
un **vieux** monsieur	=> des **vieux** messieurs
un **vieil** arbre	=> des **vieux** arbres
une **vieille** voiture	=> des **vieilles** voitures
un **nouveau** livre	=> des **nouveaux** livres
un **nouvel** espoir	=> des **nouveaux** espoirs
une **nouvelle** copine	=> des **nouvelles** copines

(*Note:* nouveau is sometimes placed after the noun, e.g., le vin nouveau = the new wine)

Compare with the predicative use:
>   *Example:*
>   L'arbre est vieux. *(The tree is old.)*

Vocabulary:
le jour *(the day)*, un arbre *(a tree)*, la femme *(the woman)*, la voiture *(the car)*, le livre *(the book)*, un espoir *(a hope)*, une copine *(a pal, a friend, f.; m.:* un copain*)*

Exercise D.
Add the appropriate form of the adjective. (solution p. 111)

1. Marcel achète un _____ (beau) ananas pour faire une salade de fruits.
2. Ma _____ (vieux) voiture est toujours en panne.
3. Yolande a un _____ (nouveau) ami.
4. Ce _____ (vieux) hôtel est charmant. Les _____ (nouveau) constructions (f.) sont laides.
5. La grand-mère raconte une _____ (beau) histoire à son petit-fils.
6. Les arbres de ce parc sont très _____ (beau). Les _____ (nouveau) arbustes sont déjà en fleurs.
7. Je cherche un _____ (nouveau) appartement. Quelque chose *(= something)* de _____ (beau)!

Vocabulary:

acheter qc. *(to buy s.th.)*, pour faire qc. *(in order to make s.th.)*, une salade de fruits *(a fruit salad)*, la voiture *(the car)*, toujours *(always)*, être en panne *(not to work, to be out of order)*, charmant *(charming)*, la construction *(here: the building)*, laid,e *(ugly)*, la grand-mère *(the grandmother)*, raconter qc. à qn. *(to tell s.o. s.th.)*, une histoire *(a story, a tale)*, le petit-fils *(the grandson)*, un arbre *(a tree)*, très *(very)*, un arbuste *(a bush)*, déjà *(already)*, être en fleurs *(to be in bloom)*

E. Comparison

E1. Comparatives

Superiority:

Marie-Louise est ***plus*** jolie ***que*** moi.
(Marie-Louise is prettier than I.)

Inferiority:

Ce film est ***moins*** intéressant ***que*** le roman.
(This film is less interesting than the novel.)

Equality:

Patrick est ***aussi*** intelligent ***que*** Christian.
(Patrick is as intelligent as Christian.)

EXCEPTION: Superiority of "bon" (better)

Damien est **meilleur** en sport **qu'**Amélie.
Amélie est **meilleure** en maths **que** Damien.
BUT:
Damien est moins bon en maths qu'Amélie.
Francine est aussi bonne en sport que Damien.

(*Note:* There are other rare irregular forms.)

Exercise E1.
Form sentences. (solution p. 111; S = subject)

1. le guépard (S) – le zèbre – rapide – plus – être
2. être – la cave (S) – le frigo – aussi – froid
3. le printemps (S) – moins – être – l'automne – pluvieux
4. le travail – les loisirs (S; m., *leisure time*) – aussi – important – être
5. toi – je – être – plus – pressé
6. les légumes (S) – le chocolat – plus – pour la santé – bon (!) – être
7. mon chien (S) – moi – moins – fatigué – être
8. la quiche lorraine – la quiche au fromage (S) – moins – bon – être
9. M. Vernon (S) – aussi – sa femme – content – être
10. l'exercice B – plus – l'exercice A (S) – facile – être

Vocabulary:
le zèbre *(the zebra)*, le guépard *(the cheetah)*, rapide *(fast)*, la cave *(the cellar)*, le frigo *(coll.; the fridge)*, le printemps *(spring)*, l'automne *(m.; autumn)*, pluvieux,se *(rainy)*, le travail *(the work)*, être pressé *(to be in a hurry)*, un légume

(the vegetable), bon pour la santé *(good for one's health)*, le chien *(the dog)*, fatigué,e *(tired)*, le fromage *(the cheese)*

E2. Superlatives

The superlative is formed by adding a definite article before the comparative.
> *Example:*
> C'est **le plus joli chapeau** de ce magasin.
> *(This is the prettiest hat in this shop.)*

If it is an adjective that is placed after the noun, the article gets repeated.
> *Example:*
> C'est **le film le plus intéressant** de la saison.
> *(This is the most interesting film of the season.)*

Superiority:
> C'est **le** cheval **le plus rapide** du monde.
> *(This is the world's fastest horse.)*
> C'est **la plus belle** voiture du monde.
> *(This is the most beautiful car in the world.)*

Inferiority:
> Ce sont **les** exercices **les moins** faciles de ce livre.
> *(These are the least easy exercises of this book, i.e., the most difficult ones.)*
> C'est l'arbre **le moins grand** du jardin.
> *(This is the garden's least big tree, i.e., the smallest one.)*

=> Even the adjectives that are usually placed before the noun are often placed after it in the superlative, especially with moins.

EXCEPTION: Superiority of "bon"
> C'est **la meilleure** élève de sa classe.
> *(This is the best pupil of her class.)*
> C'est **le meilleur pianiste** du monde.
> *(This is the best pianist in the world.)*
> Ce sont **les meilleurs cyclistes** du Tour de France.
> *(These are the best cyclists of the Tour de France.)*
> BUT: C'est l'idée la moins bonne.
> *(This is the least good idea, i.e., the worst one.)*

Exercise E2.
Use the superlative. (solution p. 111)

1. C'est _____ de cette route. (plus, dangereux, le virage)
2. Ce sont _____ de ma vie. (les moments, m.; heureux, plus)
3. C'est _____ d'Europe. (le fleuve, long, plus)
4. Pour M. Favre, Mme Favre est _____ du monde. (plus, beau, la femme)
5. C'est _____ du siècle. (bon, l'idée, plus)
6. C'est _____ de ma bibliothèque. (le livre, ennuyeux, moins)
7. C'est _____ de la maison. (l'endroit, m.; sombre, plus)
8. C'est _____ de cette exposition. (moins, le tableau, triste)
9. Véronique a _____ de la classe. (la note, mauvais, plus)
10. C'est _____ du port. (le bateau, grand, plus)

Vocabulary:
le virage *(the bend, the curve)*, la route *(the road)*, la vie *(the life)*, le fleuve *(the river)*, le monde *(the world)*, le siècle *(the century)*, la bibliothèque *(the library)*, ennuyeux,se *(boring)*, un endroit *(a place)*, la maison *(the house)*, sombre *(dark)*, une exposition *(an exhibition)*, un tableau *(a painting)*, la note *(here: the mark, the grade at school)*, le bateau *(the boat, the ship)*, le port *(the port, the harbo(u)r)*

Answer Keys

Solutions for A1.

L1. Nadine et Valérie préparent une <u>grande</u> salade.
L2. La salle de bains est <u>libre</u>.
L3. Le petit-déjeuner est <u>prêt</u>.
L4. En été, les nuits sont <u>chaudes</u>. En hiver, elles sont <u>froides</u>.
L5. L'entrée est <u>gratuite</u>.
L6. Sandrine a deux <u>grands</u> frères et trois <u>petites</u> sœurs.

Solutions for A2.

L1. Damien trouve un <u>cadeau formidable</u> pour sa <u>correspondante française</u>.
L2. C'est une <u>chambre agréable</u> avec un <u>joli canapé</u>.
L3. Une <u>petite chaise</u>? Mais ce <u>jeune homme</u> est très <u>grand</u>!
L4. Le dimanche, c'est un <u>bon jour</u> pour faire un pique-nique.
L5. M. Franchet a un <u>travail difficile</u>. Il est prof.

Solutions for B.

L1. Estelle a une amie <u>italienne</u>. Elle a aussi beaucoup d'autres amis <u>européens</u>.
L2. J'ai une <u>mauvaise</u> note. C'est la <u>première</u> fois.
L3. M. Landerneau achète une voiture <u>neuve</u>. Elle est <u>blanche</u>, de taille <u>moyenne</u> et <u>basse</u> . Et elle est <u>chère</u>!
L4. Mme Landerneau est <u>heureuse</u>. Elle passe ses vacances dans une <u>petite</u> pension au bord de la mer.
L5. Cette glace à la fraise est très <u>bonne</u>. Il y a peut-être de la crème <u>fraîche</u> dedans.
L6. Mon amie Francine est très <u>gentille</u>.
L7. Cette œuvre d'art est <u>fausse</u>.
L8. On entend une <u>douce</u> musique sur la place <u>publique</u>.
L9. Un détective privé mène une vie <u>active</u> et <u>dangereuse</u>.
L10. Ma collection d'autocollants est <u>complète</u>.
L11. Les Duval, ce sont des gens <u>normaux</u>.
L12. La chanteuse porte une robe <u>longue</u> et <u>élégante</u>.

Solutions for C.

L1. Aujourd'hui, je mets une veste <u>bleue</u> et des chaussures <u>noires</u>... avec des chaussettes <u>orange</u>.

L2. La casquette <u>verte</u> de Pierre a une tache <u>blanche</u>. C'est peut-être à cause d'un oiseau...

L3. Je préfère les voitures <u>rouges</u>. Les voitures <u>grises</u> sont ennuyeuses. Et les voitures <u>marron</u>, cela fait sale.

L4. J'achète une écharpe <u>jaune</u> et <u>violette</u>. Ces gants <u>violets</u> me plaisent aussi.

L5. Cette robe <u>jaune canari</u> avec cette ceinture <u>vert olive</u> est horrible.

Solutions for D.

L1. Marcel achète un <u>bel</u> ananas pour faire une salade de fruits.

L2. Ma <u>vieille</u> voiture est toujours en panne.

L3. Yolande a un <u>nouvel</u> ami.

L4. Ce <u>vieil</u> hôtel est charmant. Les <u>nouvelles</u> constructions sont laides.

L5. La grand-mère raconte une <u>belle</u> histoire à son petit-fils.

L6. Les arbres de ce parc sont très <u>beaux</u>. Les <u>nouveaux</u> arbustes sont déjà en fleurs.

L7. Je cherche un <u>nouvel</u> appartement. Quelque chose de <u>beau</u>!

Solutions for E1.

L1. Le guépard est plus rapide que le zèbre.

L2. La cave est aussi froide que le frigo.

L3. Le printemps est moins pluvieux que l'automne.

L4. Les loisirs sont aussi importants que le travail.

L5. Je suis plus pressé(e) que toi.

L6. Les légumes sont meilleurs pour la santé que le chocolat.

L7. Mon chien est moins fatigué que moi.

L8. La quiche au fromage est moins bonne que la quiche lorraine.

L9. M. Vernon est aussi content que sa femme.

L10. L'exercice A est plus facile que l'exercice B.

Solutions for E2.

L1. C'est <u>le virage le plus dangereux</u> de cette route.

L2. Ce sont <u>les moments les plus heureux</u> de ma vie.

L3. C'est <u>le plus long fleuve</u> d'Europe.

L4. Pour M. Favre, Mme Favre est <u>la plus belle femme</u> du monde.

L5. C'est <u>la meilleure idée</u> du siècle.

L6. C'est <u>le livre le moins ennuyeux</u> de ma bibliothèque.

L7. C'est <u>l'endroit le plus sombre</u> de la maison.

L8. C'est <u>le tableau le moins triste</u> de cette exposition.

L9. Véronique a <u>la plus mauvaise note</u> de la classe.

L10. C'est <u>le plus grand bateau</u> du port.

9. Some prepositions

The use of the right preposition in a given context is essentially mastered by frequently listening to, reading and speaking French. In this chapter you will find some important basics and guidelines.

Do not try to translate English prepositions. Rather, learn French prepositions within their context: expressions, typical sentences and so on.

Note: There are numerous prepositions and prepositional expressions in French. For advanced learners there is a quite extensive chapter with lists and exercises in the Advanced Learner's Edition.

A. Places: à or chez?

The most commonly used preposition for places in general (like, e.g., towns) is "à".

Examples:
J'habite **à Paris**. *(I live in Paris.)*
Marc va **à l'école**. *(Marc goes to school.)*

Remember that "à" contracts with the definite articles "le" and "les":

à + le => au	M. Duval va **au** bureau. *(Mr Duval is going to the office.)*
à + les => aux	Marc va **aux** toilettes. *(Marc is going to the WC/washroom.)*

(This is also the case with "de"; see chapter 1 B., p. 11)

An important exception: The place is **"at/to" somebody's place**.
Examples:
Je vais **chez Marc**. *(I'm going to Marc's (place).)*
Isabelle va **chez le dentiste**. *(Isabelle is going to the dentist's (office).)*
François est **chez moi**. *(François is at my place.)*

Distinguish:
Je vais **chez le boulanger**. *(the baker = a person: chez)*
Je vais **à la boulangerie**. *(the bakery = a place: à)*

Exercise A.

Insert "à" or "chez" and add an article if necessary.
(solution p. 123)

1. «Bonjour, Daniel. Où est-ce que tu vas?» «Bonjour, Jacqueline. Je vais _____ supermarché (m.). Et toi?»
2. «Moi, je vais _____ Christine.»
3. «Qu'est-ce que tu fais _____ elle?»
4. «Ensemble, nous allons _____ festival (m.) de musique celtique. C'est _____ Lorient *(a town)*.»
5. «Ah, zut. Moi, je vais seulement _____ supermarché, _____ le boucher et _____ la pharmacie. Tu as de la chance.»
6. «Va _____ concerts (m.pl.) de rock amateur. Il y a trois concerts tous les jours _____ Parc de la République.»

Vocabulary:

bonjour *(good morning/afternoon, hello)*, où *(where)*, est-ce que *(marks a question; see 4 B., p. 60)*, tu vas, je vais => aller *(to go, see 3 A4., p. 28)*, le supermarché *(the supermarket)*, et *(and)*, toi, moi *(you, me; see 2 B., p. 22)*, qu'est-ce que *(what)*, tu fais => faire *(to do; see 3 A3., p. 27)*, ensemble *(together)*, nous allons => aller *(to go)*, le festival de musique celtique *(the Celtic music festival)*, zut *(darn, too bad)*, seulement *(only)*, le boucher *(the butcher)*, la pharmacie *(the pharmacy, the drugstore, the chemist's shop)*, avoir de la chance *(to be lucky)*, tous les jours *(every day)*, le parc *(the park)*, la république *(the republic; in many contexts with a capital letter: la République française)*

B. Prepositions with country names

In French country names may be feminine, masculine or plural.

Examples for feminine country and continent names:
la France *(France)*
l'Allemagne *(Germany)*
l'Autriche *(Austria)*
la Grande-Bretagne *(Great Britain)*
la Belgique *(Belgium)*
la Suisse *(Switzerland)*
l'Italie *(Italy)*
l'Espagne *(Spain)*
l'Australie *(Australia)*, l'Afrique *(Africa)*, l'Asie *(Asia)*, l'Europe *(Europe)*,
l'Amérique *(America)*

Examples for masculine country names:
le Portugal *(Portugal)*
le Danemark *(Denmark)*
le Mali *(Mali)*
le Canada *(Canada)*, le Japon *(Japan)*, le Maroc *(Morocco)*, le Venezuela
(Venezuela), le Mexique *(Mexico)*, le Sénégal *(Senegal)*, le Chili *(Chile)*

Examples for plural country names:
les États-Unis *(the United States)*
les Pays-Bas *(the Netherlands)*
les Émirats arabes unis *(the United Arab Emirates)*

Gender and number determine which preposition to choose when answering the
questions **"where?/where to?"** and **"where from?"**

(a) Where? Where to?

Où est-ce que tu vas? *(Where are you going (to)?)*
Où est-ce que tu habites? *(Where do you live/stay?)*

Feminine country names:	**en**
Masculine country names:	**à + le = au**
Plural country names:	**à + les = aux**

Examples:
Je vais **en** France.
J'habite **en** Grande-Bretagne.

Je vais **au** Portugal.
J'habite **au** Canada

Je vais **aux** États-Unis.
J'habite **aux** Pays-Bas.

(b) Where from?

D'où est-ce que tu viens? *(Where do you come from?; origin)*
D'où est-ce que tu reviens? *(Where are you coming from?)*

Feminine country names:	**de**
Masculine country names:	**de + le = du**
Plural country names:	**de + les = des**

Examples:
Je viens **de** Suisse.
Je reviens **d'**Allemagne.

Je viens **du** Japon.
Je reviens **du** Danemark.

Je viens **des** États-Unis.
Je reviens **des** Pays-Bas.

Exercise B.
Insert "en", "à" or "de" and add an article if necessary.
(solution p. 123)

1. Christelle habite _____ France, _____ Paris.
2. Francis vient _____ Grande-Bretagne. Il va _____ Pays-Bas et _____ Italie.
3. Katja habite _____ Stuttgart. C'est _____ Allemagne.
4. Amanda vient _____ États-Unis. Elle va voir son amie Alicia, _____
Portugal.
5. Nicolas revient _____ Mexique. Il parle de son voyage à ses amis.

Vocabulary:
aller voir qn. *(to go and see s.o., to pay s.o. a visit)*, son amie *(f.; her friend; see chapter 11, p. 128)*, parler de qc. à qn. *(to talk to s.o. about s.th.)*, le voyage *(the trip, the journey)*, ses amis *(his friends)*

C. Time

C1. Prepositions with months, seasons, dates

Months: en
> *Examples:*
> Je fête mon anniversaire **en** mai.
> *(I celebrate my birthday in May./My birthday is in May.)*

=> janvier *(January)*, février *(February)*, mars *(March)*, avril *(April)*, mai *(May)*, juin *(June)*, juillet *(July)*, août *(August)*, septembre *(September)*, octobre *(October)*, novembre *(November)*, décembre *(December)*

Seasons:
> **en** été *(in summer)*
> **en** automne *(in autumn)*
> **en** hiver *(in winter)*
> *!* **au** printemps *(in spring)*

Years: en
> *Examples:*
> => Je suis né **en** 1999. *(I was born in 1999.)*
> => Je suis né **en** l'an 2000 *(I was born in the year 2000.)*

Days of the week:
> Je viens **lundi**. *(I'm coming this **Monday**.)*
> Je viens toujours **le lundi** *(I always come on **Mondays**.)*

=> lundi *(Monday)*, mardi *(Tuesday)*, mercredi *(Wednesday)*, jeudi *(Thursday)*, vendredi *(Friday)*, samedi *(Saturday)*, dimanche *(Sunday)*

Dates:
> *Examples:*
> J'arrive **le 15 septembre**. *(I'm arriving on September 15.)*
> Je suis né **le premier (1er) janvier**. *(I was born on January first.)*
> Nous sommes **le 2 mars**. *(Today is March 2.)*

Time:
> Je viens **à** trois heures. *(I'm coming at three o'clock.)*

=> see chapter 6 C., p. 81

Expressions:
Au revoir et **à** demain. *(Goodbye, see you tomorrow.)*
...**à** ce soir *(see you this evening)*
...**à** bientôt *(see you soon)*
...**à** la prochaine fois *(see you; till next time)*

Exercise C1.
Insert "en", "au", "à", an article or nothing at all. (solution p. 123)

1. Mme Dupuis téléphone à son dentiste. «Allô? Mme Dupuis à l'appareil. Je voudrais un rendez-vous pour un contrôle, s'il vous plaît. Si possible _____ mercredi.» *(= Wednesday this week)*
2. «Je suis désolée, le docteur Henriot ne travaille pas _____ mercredi, c'est son jour de congé. *(= He does not work on Wednesdays.)*
3. Le prochain rendez-vous de libre, c'est _____ 29 avril _____ 15 heures. Sinon, il faut venir _____ mai. _____ printemps, il y a toujours beaucoup de travail.»
4. «Hmmm. Je n'ai pas le temps _____ mai. Alors, je préfère venir _____ été. _____ 3 juillet, par exemple.»
5. «C'est possible. _____ 3 juillet _____ 10 heures. D'accord, madame?»
6. «C'est parfait. Alors, merci et _____ bientôt.»

Vocabulary:
téléphoner à qn. *(to phone s.o.)*, allô? *(hello?; on the phone)*, Mme Dupuis à l'appareil *(m.; here: Mme Dupuis speaking;* un appareil = *a device, appliance)*, je voudrais *(I would like)*, un rendez-vous *(here: an appointment)*, pour un contrôle *(for a check, an examination)*, s'il vous plaît *(please)*, si possible *(if possible)*, je suis désolée *(I'm sorry)*, travailler *(to work)*, le jour de congé *(the day off)*, prochain,e *(next)*, libre *(free, available)*, sinon *(otherwise, if not)*, il faut faire qc. *(here: you have to do s.th.)*, il y a *(there is)*, beaucoup de *(much)*, le travail *(the work)*, ne pas avoir le temps *(not to have (any) time)*, alors *(here: then, in this case)*, préférer faire qc. *(to prefer to do/doing s.th.)*, par exemple *(for instance, for example)*, c'est possible *(this is possible, feasible)*, d'accord *(alright)*, parfait *(perfect)*

C2. Points in time and periods

Points in time:

dans *(in)* => point in time in the future
>   *Example:*
>   Mon collègue arrive **dans** deux heures.
>   *(My colleague is coming in two hours.)*

il y a *(ago)* => point in time in the past
>   *Example:*
>   Mon collègue est arrivé **il y a** deux heures.
>   *(My colleague arrived two hours ago. => "est arrivé" is a tense of the past: passé composé, see chapter 16, p. 175)*

Periods of time:

depuis *(for, since)*
>   *Example:*
>   J'attends mon collègue **depuis** deux heures.
>   *(I have been waiting for my colleague for two hours.)*

pendant *(during, for)*
>   *Example:*
>   Je travaille **pendant** la semaine.
>   *(I'm working during the week.)*

en *(in, within)*
>   *Example:*
>   Je mange mon sandwich **en** vingt secondes.
>   *(I eat my sandwich in twenty seconds.)*

Note: When building sentences put the adverbial elements of time before or after the core of the sentence, i.e., before or after S-P-O (see 3 C., p. 31).
>   *Examples:*
>   Le soir, M. Guillot regarde la télé.
>   *(In the evening, Mr Guillot watches TV.)*
>   M. Guillot regarde la télé le soir.
>   *(Mr Guillot watches TV in the evening.)*

=> Whatever is at the end of the sentence is emphasized. The first version emphasizes that Mr Guillot watches TV. The second one emphasizes that he does so in the evening.

Exercise C2.
Add the right preposition. (solution p. 123)

1. _____ les vacances, je travaille dans un bistro. *(during)*
2. Le train est en retard _____ des heures. *(for)*
3. Pierre fait ses devoirs _____ une minute. (*within*)
4. Alain fête son anniversaire _____ une semaine. *(in)*
5. J'ai passé le permis de conduire _____ un an. *(ago)*
("j'ai passé" is a tense of the past: passé composé, see chap. 16, 175)
6. Le prof est malade _____ hier. *(since)*
7. Les vacances commencent _____ trois jours. *(in)*
8. _____ la nuit, il fait noir. *(during)*
9. On n'apprend pas une langue _____ une semaine. *(within)*
10. Zazie est née _____ douze ans. *(ago; "est née" = was born, passé composé.)*

Vocabulary:
les vacances *(f.; the holidays/vacation)*, travailler *(to work)*, le bistro *(sort of a pub)*, être en retard *(to be late)*, des heures *(f.; hours)*, faire ses devoirs *(to do one's homework)*, la minute *(the minute)*, fêter son anniversaire *(to celebrate one's birthday)*, une semaine *(a week)*, passer le permis de conduire *(to take one's driving test)*, un an *(a year)*, le prof *(the teacher; abbreviation of* le professeur*)*, malade *(sick, ill)*, hier *(yesterday)*, commencer *(to start, to begin)*, le jour *(the day)*, la nuit *(the night)*, il fait noir *(it is dark; noir = black)*, apprendre qc. *(to learn s.th.)*, une langue *(a language)*, naître *(to be born)*

D. Avant or devant? Après or derrière?

Use **avant (before)** and **après (after)** for **chronological** and **local order**.
> *Examples:*
> Prenez ce médicament **avant** le petit-déjeuner.
> *(Take this medicine before breakfast.)*
> Faites la sieste **après** le déjeuner.
> *(Take a nap after lunch.)*
> L'hôpital? Tournez à gauche **avant** le feu.
> *(The hospital? Turn left before the traffic lights.)*
> **Après** vous.
> *(After you. Courtesy at the door.)*

Use **devant (in front, before)** and **derrière (behind)** for **places**.
> *Examples:*
> Les enfants sont **devant** la télé.
> *(The children are in front of the TV. = They are watching TV.)*
> Le jardin est **derrière** la maison.
> *(The garden is behind the house.)*

Exercise D.
Add avant, devant, après or derrière. (solution p. 124)

1. Le parking est _____ l'hôtel. (après/derrière)
2. Je prends toujours un café _____ le déjeuner. (après/derrière)
3. Mon collègue finit toujours son travail _____ moi. (avant/devant)
4. Je plante des géraniums _____ la maison. (avant/devant)
5. Le champion passe la ligne d'arrivée _____ tous les autres coureurs.
(avant/devant)
6. L'enfant se cache _____ un arbre. (après/derrière)
7. Il y a un arrêt de bus _____ la pharmacie. (avant/devant)
8. _____ le travail, Mme Bertrand va souvent au cinéma. (après/derrière)

Vocabulary:
le parking *(the car park, the parking lot)*, prendre qc. *(to take s.th.; here: to drink)*, toujours *(always)*, un café *(a coffee)*, le déjeuner *(lunch)*, le collègue *(the colleague)*, finir qc. *(to end, to finish s.th.)*, le travail *(the work)*, planter qc. *(to plant s.th.)*, le géranium *(the geranium = a flower)*, la maison *(the house)*, passer qc. *(here: to cross s.th.)*, la ligne d'arrivée *(the finishing line)*, tous les autres coureurs *(m.; all the other runners)*, l'enfant *(the child)*, se cacher *(to hide oneself)*, un arbre *(a tree)*, il y a *(there is)*, un arrêt de bus *(a bus stop)*, la pharmacie *(the chemist's shop, the pharmacy)*, souvent *(often)*

E. More prepositions

Here is a selection of other frequently used prepositions of any kind.

dans *(in)*
  Le chat est dans la cuisine. *(The cat is in the kitchen.)*
sur *(on)*
  Je pose l'assiette sur la table. *(I put the plate on the table.)*
sous *(under)*
  Il y a un ballon sous le lit. *(There is a ball under the bed.)*
à côté de *(next to, beside)*
  Le restaurant est à côté de la gare. *(The restaurant is next to the station.)*
entre *(between)*
  Je viens entre midi et une heure. *(I'm coming between noon and 1 p.m.)*
contre *(against)*
  Je suis contre! *(I'm against it!)*
pour *(for)*
  Je suis pour! *(I'm for it /in favo(u)r!)*
jusque *(till; often with another preposition like à)*
  M. Morel travaille jusqu'à six heures. *(Mr Morel works until six o'clock.)*
sans *(without)*
  M. Franchet commande une bière sans alcool. *(Mr Franchet orders a beer without alcohol /a non-alcoholic beer.)*
avec *(with)*
  Viens avec moi. *(Come with me.)*
de... (jusqu') à... *(from... to...)*
  Ce magasin ferme de midi à quatorze heures. (This shop closes from noon to 2 p.m.)
à cause de *(because of)*
  La route est barrée à cause d'un accident. *(The road is closed because of an accident.)*
malgré *(in spite of/despite)*
  L'avion décolle malgré le mauvais temps. *(The airplane is taking off in spite of/despite the bad weather.)*

Remember also this little trap:

Je voyage... *(I'm travelling...)*		
en voiture *(by car)*	BUT:	
en avion *(by airplane)*	**à** pied *(on foot)*	
en train *(by train)*	**à** cheval *(on horseback)*	
en bus *(by bus)*		
en vélo *(by bicycle)*		

Exercise E.
Add the right preposition. (solution p. 124)

1. Matthias cherche ses chaussures de sport. Elles ne sont pas _____ (in) son sac de sport.
2. Elles sont peut-être _____ (under) le lit? Non.
3. Sa mère dit: «Regarde _____ (behind) la porte. Ou alors, _____ (on top of) la machine à laver.» Matthias regarde partout, mais il ne trouve rien.
4. Sa sœur Viviane n'est pas contente. «Tu fais du bruit. _____ (because of) toi, je ne peux pas faire mes devoirs!»
5. Matthias répond: «Eh bien, cherche _____ (with) moi. Je ne peux pas aller au foot _____ (without) mes chaussures. Et j'ai un match important _____ (in) une heure.»
6. «Un match important? Mais tu joues toujours _____ (on) le terrain vague _____ (next to) la poissonnerie!»
7. «Et alors? Nous jouons _____ (against) l'équipe d'une autre école. Tu n'es pas _____ (for) nous?»
8. _____ (in spite of/despite) sa mauvaise humeur, Viviane est d'accord.
9. Ils cherchent _____ (till) midi.
10. Finalement, ils trouvent les chaussures _____ (in) le jardin, _____ (between) la poubelle et la niche du chien. «Petit voleur!»
11. Heureusement, il n'est pas trop tard. Mais Matthias n'a plus le temps. Il ne peut plus aller au terrain vague _____ (by/on) pied, alors _____ (for) une fois, sa mère l'emmène _____ voiture. (by)

Vocabulary:
chercher qc. *(to look for s.th.)*, la chaussure *(the shoe)*, le sac *(the bag)*, peut-être *(maybe)*, le lit *(the bed)*, la mère *(the mother)*, la porte *(the door)*, ou alors *(or, or else)*, la machine à laver *(the washing machine, the washer)*, partout *(everywhere)*, trouver qc. *(to find s.th.)*, ne... rien *(nothing)*, la sœur *(the sister)*, être content,e *(to be pleased /happy)*, le bruit *(the noise, the sound)*, les devoirs *(the homework)*, le foot *(football)*, toujours *(always)*, le terrain vague *(the waste ground, the vacant lot)*, la poissonnerie *(the fish shop, the fishmonger's)*, et alors? *(so what?)*, l'équipe *(the team)*, la mauvaise humeur *(the bad mood)*, être d'accord *(to agree)*, finalement *(finally)*, le jardin *(the garden)*, la poubelle *(the bin, the trash/garbage can)*, la niche *(here: the doghouse, the kennel)*, le voleur *(the thief)*, heureusement *(fortunately)*, trop tard *(too late)*, avoir le temps *(to have time)*, ne... plus *(no more)*, pour une fois *(for once, exceptionally)*, emmener qn. *(here: to give s.o. a lift/ride)*

Answer Keys

Solutions for A.

L1. «Bonjour, Daniel. Où est-ce que tu vas?» «Bonjour, Jacqueline. Je vais <u>au</u> supermarché. Et toi?»
L2. «Moi, je vais <u>chez</u> Christine.»
L3. «Qu'est-ce que tu fais <u>chez</u> elle?»
L4. «Ensemble, nous allons <u>au</u> festival de musique celtique. C'est <u>à</u> Lorient.»
L5. «Ah, zut. Moi, je vais seulement <u>au</u> supermarché, <u>chez</u> le boucher et <u>à</u> la pharmacie. Tu as de la chance.»
L6. «Va <u>aux</u> concerts de rock amateur. Il y a trois concerts tous les jours <u>au</u> Parc de la République.»

Solutions for B.

L1. Christelle habite <u>en</u> France, <u>à</u> Paris.
L2. Francis vient <u>de</u> Grande-Bretagne. Il va <u>aux</u> Pays-Bas et <u>en</u> Italie.
L3. Katja habite <u>à</u> Stuttgart. C'est <u>en</u> Allemagne.
L4. Amanda vient <u>des</u> États-Unis. Elle va voir son amie Alicia, <u>au</u> Portugal.
L5. Nicolas revient <u>du</u> Mexique. Il parle de son voyage à ses amis.

Solutions for C1.

L1. Mme Dupuis téléphone à son dentiste. «Allô? Mme Dupuis à l'appareil. Je voudrais un rendez-vous pour un contrôle, s'il vous plaît. Si possible <u>(/)</u> mercredi.»
L2. «Je suis désolée, le docteur Henriot ne travaille pas <u>le</u> mercredi, c'est son jour de congé.
L3. Le prochain rendez-vous de libre, c'est <u>le</u> 29 avril <u>à</u> 15 heures. Sinon, il faut venir <u>en</u> mai. <u>Au</u> printemps, il y a toujours beaucoup de travail.»
L4. «Hmmm. Je n'ai pas le temps <u>en</u> mai. Alors, je préfère venir <u>en</u> été. <u>Le</u> 3 juillet, par exemple.»
L5. «C'est possible. <u>Le</u> 3 juillet <u>à</u> 10 heures. D'accord, madame?»
L6. «C'est parfait. Alors, merci et <u>à</u> bientôt.»

Solutions for C2.

L1. <u>Pendant</u> les vacances, je travaille dans un bistro.
L2. Le train est en retard <u>depuis</u> des heures.
L3. Pierre fait ses devoirs <u>en</u> une minute.

L4. Alain fête son anniversaire <u>dans</u> une semaine.

L5. J'ai passé le permis de conduire <u>il y a</u> un an.

L6. Le prof est malade <u>depuis</u> hier.

L7. Les vacances commencent <u>dans</u> trois jours.

L8. <u>Pendant</u> la nuit, il fait noir.

L9. On n'apprend pas une langue <u>en</u> une semaine.

L10. Zazie est née <u>il y a</u> douze ans.

Solutions for D.

L1. Le parking est <u>derrière</u> l'hôtel.

L2. Je prends toujours un café <u>après</u> le déjeuner.

L3. Mon collègue finit toujours son travail <u>avant</u> moi.

L4. Je plante des géraniums <u>devant</u> la maison.

L5. Le champion passe la ligne d'arrivée <u>avant</u> tous les autres coureurs.

L6. L'enfant se cache <u>derrière</u> un arbre.

L7. Il y a un arrêt de bus <u>devant</u> la pharmacie.

L8. <u>Après</u> le travail, Mme Bertrand va souvent au cinéma.

Solutions for E.

L1. Matthias cherche ses chaussures de sport. Elles ne sont pas <u>dans</u> son sac de sport.

L2. Elles sont peut-être <u>sous</u> le lit? Non.

L3. Sa mère dit: «Regarde <u>derrière</u> la porte. Ou alors, <u>sur</u> la machine à laver.» Matthias regarde partout, mais il ne trouve rien.

L4. Sa sœur Viviane n'est pas contente. «Tu fais du bruit. <u>À cause de</u> toi, je ne peux pas faire mes devoirs!»

L5. Matthias répond: «Eh bien, cherche <u>avec</u> moi. Je ne peux pas aller au foot <u>sans</u> mes chaussures. Et j'ai un match important <u>dans</u> une heure.»

L6. «Un match important? Mais tu joues toujours <u>sur</u> le terrain vague <u>à côté de</u> la poissonnerie!»

L7. «Et alors? Nous jouons <u>contre</u> l'équipe d'une autre école. Tu n'es pas <u>pour</u> nous?»

L8. <u>Malgré</u> sa mauvaise humeur, Viviane est d'accord.

L9. Ils cherchent <u>jusqu'à</u> midi.

L10. Finalement, ils trouvent les chaussures <u>dans</u> le jardin, <u>entre</u> la poubelle et la niche du chien. «Petit voleur!»

L11. Heureusement, il n'est pas trop tard. Mais Matthias n'a plus le temps. Il ne peut plus aller au terrain vague <u>à</u> pied, alors <u>pour</u> une fois, sa mère l'emmène <u>en</u> voiture.

10. Futur proche

The **futur proche** (proche = close, near) or **futur composé** (composé = compound) is a future tense that is easy to build – you only need to know how to conjugate "aller":

futur proche = aller (in the présent) + infinitif

Use it for future events occuring **close to the present**.

Examples:

À midi, je **vais manger** une quiche.
(At noon today I'm going to eat a quiche.)
Ce soir, tu **vas faire** la vaisselle.
(This evening you are going to do the dishes.)
Attention, le prof **va poser** une question.
(Watch out, the teacher is going to ask a question.)
Samedi, nous **allons visiter** un musée.
(On Saturday we are going to visit a museum.)
Après l'école, vous **allez rendre** les livres à la bibliothèque.
(After school you are going to return the books to the library.)
Demain, les voisins **vont partir** en vacances.
(Tomorrow the neighbo(u)rs are going to leave on holiday/vacation.)

The two parts of the **negation** (e.g., ne... pas; see chapter 5, p. 72, and 1 D., p. 16) enclose the conjugated form of aller.
Example:
Non, je **ne vais pas** manger de quiche.
(No, I'm not going to eat quiche.)

Note: "aller faire qc." may just be a verb with an infinitive as a complement, meaning "to go to do s.th.", e.g., Je vais faire les courses. (I go shopping.) See 3 I., p. 49.

Exercise A1.
Change the sentences into the futur proche. (solution p. 127)

1. Marc va à l'école.
2. Je regarde un film.
3. Les enfants préparent une surprise.
4. Tu trouves une idée.
5. Nous cherchons un livre.
6. Vous racontez une histoire.
7. Je n'entre pas dans le restaurant.

Vocabulary:
l'école *(f.; the school)*, regarder qn./qc. *(to look at/watch s.o./s.th.)*, les enfants *(m.; the children)*, préparer qc. *(to prepare s.th.)*, une surprise *(a surprise)*, trouver qc. *(to find s.th.)*, une idée *(an idea)*, chercher qn./qc. *(to look/search for s.o./s.th.)*, un livre *(a book)*, raconter qc. à qn. *(to tell s.o. s.th.)*, une histoire *(a story, a tale)*, entrer *(to enter)*

Exercise A2.
Add the verb in the présent or in the futur proche. (solution p.127)

1. C'est jeudi. Les amis _____ (parler) du week-end.
2. Paulette: «Moi, je _____ (faire) du patin à glace avec Aurélie.»
3. Sébastien: «Je ne/n'_____ (aimer) pas le patin à glace. Je _____ (préférer) le VTT.»
4. Damien: «Mais la météo dit qu'il _____ (pleuvoir) samedi et dimanche.»
5. Sébastien: «C'_____ (être) vrai. Qu'est-ce que vous _____ (faire), vous?»
6. Colette: «Damien et moi, nous _____ (jouer) au ping-pong. Il y a un tournoi samedi. Viens avec nous.»
7. Sébastien: «Ah oui. Je _____ (être) très bon au ping-pong. Je _____ (venir) avec vous.»

Vocabulary:
jeudi *(Thursday)*, parler de qc. *(to talk about s.th.)*, le week-end *(the weekend)*, faire du patin à glace *(to go ice-skating)*, le VTT *(= vélo tout terrain, mountain bike)*, la météo *(the weather report)*, pleuvoir *(to rain)*, samedi *(Saturday)*, dimanche *(Sunday)*, c'est vrai *(that's true, that's right)*, le tournoi *(the tournament)*, viens => venir *(to come, see 3 H1., p. 42)*

Answer Keys

Solutions for A1.

L1. Marc <u>va aller</u> à l'école.
L2. Je <u>vais regarder</u> un film.
L3. Les enfants <u>vont préparer</u> une surprise.
L4. Tu <u>vas trouver</u> une idée.
L5. Nous <u>allons chercher</u> un livre.
L6. Vous <u>allez raconter</u> une histoire.
L7. Je <u>ne vais pas entrer</u> dans le restaurant.

Solutions for A2.

L1. C'est jeudi. Les amis <u>parlent</u> du week-end.
L2. Paulette: «Moi, je <u>vais faire</u> du patin à glace avec Aurélie.»
L3. Sébastien: «Je n'<u>aime</u> pas le patin à glace. Je <u>préfère</u> le VTT.»
L4. Damien: «Mais la météo dit qu'il <u>va pleuvoir</u> samedi et dimanche.»
L5. Sébastien: «C'<u>est</u> vrai. Qu'est-ce que vous <u>allez faire</u>, vous?»
L6. Colette: «Damien et moi, nous <u>allons jouer</u> au ping-pong. Il y a un tournoi samedi. Viens avec nous.»
L7. Sébastien: «Ah oui. Je <u>suis</u> très bon au ping-pong. Je <u>vais venir</u> avec vous.»

11. Possessive adjectives

Possessive adjectives connect to a noun, i.e., to an object that is possessed or a person to which you express belonging.

> *Example:*
> C'est **mon** livre. *(This is my book.)*
> C'est **mon** père. *(This is my father.)*

NOTE: Unlike in English, possessive adjectives in French agree in gender and number with the possessed object (the noun that follows them), not with the possessor!

> *Example:*
> **his** mother (Marc's mother)   => **sa** mère
> **her** mother (Isabelle's mother) => **sa** mère

Here are the possessive adjectives:

ONE possessed object		SEVERAL	
m.	f.	pl.	
mon	**ma** (mon*)	**mes**	*my*
ton	**ta** (ton*)	**tes**	*your*
son	**sa** (son*)	**ses**	*his/her/its*
notre	**notre**	**nos**	*our*
votre	**votre**	**vos**	*your*
leur	**leur**	**leurs**	*their*

* before a vowel or a silent h

If the next word starts with a vowel or a silent h, ma/ta/sa become mon/ton/son.

> *Example:*
> C'est **ma copine** Giselle. => C'est **mon amie** Giselle.
> *(This is my friend Giselle.)*

Examples for one possessor:

Je cherche **mon livre**. *(my book)*
Je cherche **ma tasse.** *(my cup)*
Je cherche **mon amie**. *(my friend, f.)*
Je cherche **mes chaussures**. *(my shoes)*

Tu cherches **ton livre**. *(your book)*
Tu cherches **ta tasse**. *(your cup)*
Tu cherches **ton amie**. *(your friend, f.)*
Tu cherches **tes chaussures**. *(your shoes)*

Alice cherche **son livre**. *(her book)*
Alice cherche **sa tasse.** *(her cup)*
Alice cherche **son amie**. *(her friend, f.)*
Alice cherche **ses chaussures**. *(her shoes)*

Marc cherche **son livre**. *(his book)*
Marc cherche **sa tasse.** *(his cup)*
Marc cherche **son amie**. *(his friend, f.)*
Marc cherche **ses chaussures**. *(his shoes)*

Examples for several possessors:

Jeanne et moi, nous cherchons **notre voiture**. *(our car)*
Jeanne et moi, nous cherchons **nos enfants**. *(our children)*

Amélie et toi, vous cherchez **votre voiture**. *(your car)*
Amélie et toi, vous cherchez **vos enfants**. *(your children)*

Alice et Marc cherchent **leur voiture**. *(their car)*
Alice et Marc cherchent **leurs parapluies**. *(their umbrellas)*

=> Watch out for the plural -s with **leur/leurs:** As mentioned above, it agrees with the number of the possessed object(s), NOT with the number of the possessors (one car => leur, two or more umbrellas => leurs).

Note: More advanced learners need to learn the possessive pronouns (e.g., le mien, la mienne). You will find them in the Beginner's Edition II and in the Advanced Learner's Edition.

Exercise A1.
Add the appropriate possessive adjective. (solution p. 132)

1. Jacqueline demande à Patrick: «Tu échanges _____ *(your)* sandwich (m.) contre _____ banane (f.)?»
2. Patrick répond: «Je n'aime pas les bananes. Mais j'échange _____ sandwich contre _____ bonbons (m.).»
3. Damien remarque: «Nous n'avons pas le droit d'échanger _____ *(our)* sandwichs.»
4. Jacqueline riposte: «Bien sûr que si! Regarde, même les profs échangent _____ casse-croûte (m.**pl.**). _____ *(our)* prof de français échange _____ barre (f.) de chocolat contre le croissant de _____ *(our)* prof d'histoire.»
5. Damien n'est pas d'accord: «C'est _____ affaire (f.; *their buisness*). _____ *(my)* mère (f.) dit que c'est interdit.»
6. Jacqueline demande: «C'est quoi, _____ *(your)* casse-croûte (m.sg.)?»
7. Damien répond: «Une carotte, une pomme et un sandwich à l'œuf et à la tomate.» «Alors, c'est clair. Tout le monde *(everyone)* a le droit d'échanger _____ carottes (f.) contre des bonbons. Sauf toi.»
8. Et c'est vrai. La mère de Damien dit toujours: «_____ enfants mangent des choses bonnes pour _____ *(their)* santé (f.).»
9. _____ fils Damien et _____ fille Michelle emportent toujours beaucoup de légumes et de fruits à l'école.
10. Damien est triste. Mais Jacqueline est _____ amie. Elle partage _____ bonbons avec Damien et Patrick. Alors, les garçons partagent _____ casse-croûte (m.**pl.**) aussi. Ils font un vrai pique-nique.
11. Le prof de français dit: «Vous passez _____ *(your)* récréation (f.) ensemble et vous partagez _____ casse-croûte (m.**pl.**)? C'est sympa!»

Vocabulary:
demander qc. à qn. *(to ask s.o. s.th., to ask s.o. for s.th.)*, échanger qc. contre qc. *(to exchange s.th. for s.th., to swap)*, répondre à qn. *(to respond/reply to s.o.)*, remarquer qc. *(here: to remark, to comment on s.th.)*, avoir le droit de faire qc. *(to be allowed to do s.th.)*, riposter *(to retort, to retaliate)*, bien sûr que si *(protest: of course we are)*, même *(even)*, le casse-croûte *(the snack; this is an invariable word, so no plural –s when it is plural: les casse-croûte)*, la barre de chocolat *(the chocolate bar)*, être d'accord *(to agree)*, dire que *(to say that; see chapter 15, p. 196)*, interdit,e *(not allowed, prohibited)*, une pomme *(an apple)*, un œuf *(an egg)*, clair,e *(here: clear, obvious)*, tout le monde *(everyone)*, sauf *(except)*, vrai,e *(true)*, dit => dire *(to say; see 3 H2., p. 43)*, un enfant *(a child)*, manger qc. *(to eat s.th.)*, la chose *(the thing)*, la santé *(the health)*, bon pour la santé *(healthy, good for the health)*, le fils *(the son)*, la fille *(here: the daughter)*, emporter qc. *(to take s.th. with one)*, les légumes *(m.; vegetables)*, les fruits *(m.; fruits)*, partager qc. avec qn. *(to share s.th. with s.o.)*, passer la récréation ensemble *(to spend the break /the recess together)*

Exercise A2.
Transform as in the example. (solution p. 132)

Example:
la voiture de M. Lebrun
=> sa voiture

1. le sac de Mme Pantin
2. les histoires (f.) de ma grand-mère
3. la maison de M. et Mme Pagnol
4. les idées (f.) des philosophes (m.)
5. la chaise du président
6. l'économie (f.) de la France

Vocabulary:
le sac *(the bag)*, une histoire *(a story, a tale)*, la grand-mère *(the grandmother)*, la maison *(the house, the home)*, le philosophe *(the philosopher)*, la chaise *(the chair)*, l'économie *(f.; the economy)*

Answer Keys

Solutions for A1.

L1. Jacqueline demande à Patrick: «Tu échanges <u>ton</u> sandwich contre <u>ma</u> banane?»

L2. Patrick répond: «Je n'aime pas les bananes. Mais j'échange <u>mon</u> sandwich contre <u>tes</u> bonbons.»

L3. Damien remarque: «Nous n'avons pas le droit d'échanger <u>nos</u> sandwichs.»

L4. Jacqueline riposte: «Bien sûr que si! Regarde, même les profs échangent <u>leurs</u> casse-croûte. <u>Notre</u> prof de français échange <u>sa</u> barre de chocolat contre le croissant de <u>notre</u> prof d'histoire.»

L5. Damien n'est pas d'accord: «C'est <u>leur</u> affaire. <u>Ma</u> mère dit que c'est interdit.»

L6. Jacqueline demande: «C'est quoi, <u>ton</u> casse-croûte?»

L7. Damien répond: «Une carotte, une pomme et un sandwich à l'œuf et à la tomate.» «Alors, c'est clair. Tout le monde a le droit d'échanger <u>ses</u> carottes contre des bonbons. Sauf toi.»

L8. Et c'est vrai. La mère de Damien dit toujours: «<u>Mes</u> enfants mangent des choses bonnes pour <u>leur</u> santé.»

L9. <u>Son</u> fils Damien et <u>sa</u> fille Michelle emportent toujours beaucoup de légumes et de fruits à l'école.

L10. Damien est triste. Mais Jacqueline est <u>son</u> amie. Elle partage <u>ses</u> bonbons avec Damien et Patrick. Alors, les garçons partagent <u>leurs</u> casse-croûte aussi. Ils font un vrai pique-nique.

L11. Le prof de français dit: «Vous passez <u>votre</u> récréation ensemble et vous partagez <u>vos</u> casse-croûte? C'est sympa!»

Solutions for A2.

L1. son sac
L2. ses histoires
L3. leur maison
L4. leurs idées
L5. sa chaise
L6. son économie

12. Demonstrative adjectives

A. ce, cette, cet, ces

Demonstrative adjectives connect to a noun on which emphasis is placed.
 Examples:
 ce livre *(m.; this book)*
 cette table *(f.; this table)*
 cet animal *(m. before a vowel or a silent h; this animal)*
 ces livres, **ces** tables, **ces** animaux *(pl.; these books, these tables, these animals)*

They agree to their noun in gender and number:

	sg.	pl.
le livre	**ce** livre	**ces** livres
l'animal (m.)	**cet*** animal	**ces** animaux
la voiture	**cette** voiture	**ces** voitures

* m.sg. before a vowel or a silent h (because of the liaison)

By the way:
ce matin = this morning (today's morning)
cet après-midi = this afternoon (today's afternoon)
ce soir = this evening, tonight
cette nuit = tonight

Exercise A.
Add the appropriate demonstrative adjective. (solution p. 136)

1. J'aime beaucoup _____ pantalon (m.). Il va bien avec _____ veste (f.) bleue. _____ anorak (m.) rouge par contre va bien avec _____ chaussures (f.) de sport.
2. _____ matin (m.), je vais répondre à _____ lettres (f.) de tante Hortense. _____ travail (m.) n'est pas agréable, car je n'aime pas écrire.
3. _____ gâteau est très bon. C'est pour l'anniversaire de Jean _____ après-midi.
4. _____ nuit (f.), Isabelle dort chez Florence, sa meilleure amie.
5. _____ immeuble (m.) est en mauvais état. Toutes les maisons dans _____ impasse (f.) sont abimées.
6. _____ enfants (m.)! Toujours en train de faire des bêtises!
7. Il pleut. Mets _____ imperméable (m.) et prends _____ parapluie (m.). Tu peux aussi mettre _____ bottes (f.).

Vocabulary:
le pantalon (*the trousers, the pants*), aller bien avec qc. *(to go well with s.th.)*, la veste *(the jacket)*, bleu,e *(blue)*, un anorak *(an anorak)*, rouge *(red)*, par contre *(on the other hand)*, la chaussure *(the shoe)*, la lettre *(the letter)*, la tante *(the aunt)*, agréable *(agreeable, pleasant)*, car *(because, for)*, écrire qc. à qn. *(to write s.o. s.th.)*, le gâteau *(the cake)*, un anniversaire *(a birthday)*, elle dort => dormir *(to sleep)*, un immeuble *(a building)*, le mauvais état *(the bad condition)*, tous/toutes *(all)*, une impasse *(a dead-end street)*, abimé,e *(damaged)*, être en train de faire qc. *(to be in the middle of doing s.th.)*, la bêtise *(the stupid action, the foolishness, the mischief)*, il pleut => pleuvoir *(to rain)*, mettre qc. *(here: to put on s.th.)*, un imperméable *(a raincoat)*, un parapluie *(an umbrella)*, tu peux => pouvoir *(can)*, la botte *(the boot)*

B. -ci and -là

It is optional to add -ci or -là **to the noun**. They mean "here" (closer) and "there" (further away) or correspond to the slight difference between "this" and "that".

Examples:

Cette maison-ci ou **cette maison-là**?
(This house over here or that house over there?)

Voulez-vous **ce fromage-ci** ou **ce fromage-là**?
(Do you want this cheese here or that cheese over there?)

Je vais prendre **ces chaussures-ci. Ces chaussures-là** sont trop petites.
(I will take these shoes (here). Those (other) shoes are too small.)

By the way:
ce matin-là = that (distant) morning
cet après-midi-là = that (distant) afternoon
ce soir-là = that evening (in the past)
cette nuit-là = that night (in the past)

Note: More advanced learners need to learn demonstrative pronouns (e.g., celui-ci, celle-là). You will find them in the Beginner's Edition II and in the Advanced Learner's Edition.

Exercise B.
Add the right demonstrative adjective and, when appropriate, -ci or -là.
(solution p. 136)

1. Quel livre est-ce que tu préfères? _____ livre_____ ou _____ livre_____?
2. _____ exercice (m.) est trop facile.
3. Ce n'est pas vrai. _____ exercice_____ est plus difficile que _____ exercice_____.
4. «Vous cherchez une machine à laver? Regardez _____ deux beaux modèles (m.).»
5. «Non merci. _____ machine___ est trop petite. _____ machine___ consomme trop d'électricité.»
6. «Quels biscuits (m.) est-ce que tu vas acheter?» «_____ biscuits___.»

Vocabulary:
le livre *(the book)*, préférer qc. *(to prefer s.th.)*, un exercice *(an exercise)*, trop facile *(too easy)*, vrai,e *(true)*, plus difficile que *(more difficult than)*, la machine à laver *(the washing machine, the washer)*, beau *(beautiful; see 8 D., p. 105)*, le modèle *(the model)*, petit,e *(small, little)*, consommer qc. *(to consume, to use)*, trop de *(too much)*, l'électricité *(f.; the electricity)*, le biscuit *(the biscuit, the cookie)*, acheter qc. *(to buy s.th.)*

Answer Keys

Solutions for A.

L1. J'aime beaucoup <u>ce</u> pantalon. Il va bien avec <u>cette</u> veste bleue. <u>Cet</u> anorak rouge par contre va bien avec <u>ces</u> chaussures de sport.

L2. <u>Ce</u> matin, je vais répondre à <u>ces</u> lettres de tante Hortense. <u>Ce</u> travail n'est pas agréable, car je n'aime pas écrire.

L3. <u>Ce</u> gâteau est très bon. C'est pour l'anniversaire de Jean <u>cet</u> après-midi.

L4. <u>Cette</u> nuit, Isabelle dort chez Florence, sa meilleure amie.

L5. <u>Cet</u> immeuble est en mauvais état. Toutes les maisons dans <u>cette</u> impasse sont abimées.

L6. <u>Ces</u> enfants! Toujours en train de faire des bêtises!

L7. Il pleut. Mets <u>cet</u> imperméable et prends <u>ce</u> parapluie. Tu peux aussi mettre <u>ces</u> bottes.

Solutions for B.

L1. Quel livre est-ce que tu préfères? <u>Ce</u> livre-<u>ci</u> ou <u>ce</u> livre-<u>là</u>?

L2. <u>Cet</u> exercice est trop facile.

L3. Ce n'est pas vrai. <u>Cet</u> exercice-<u>ci</u> est plus difficile que <u>cet</u> exercice-<u>là</u>.

L4. «Vous cherchez une machine à laver? Regardez <u>ces</u> deux beaux modèles.»

L5. «Non merci. <u>Cette</u> machine-<u>ci</u> est trop petite. <u>Cette</u> machine-<u>là</u> consomme trop d'électricité.»

L6. «Quels biscuits est-ce que tu vas acheter?» «<u>Ces</u> biscuits-<u>là</u>.» (*Or:* <u>Ces</u> biscuits-<u>ci</u>.)

13. Reflexive verbs

A. Reflexive pronouns

Reflexive verbs come with a **reflexive pronoun** that refers to the subject. Their meaning is usually reflexive ("oneself") or reciprocal ("each other"). Many verbs are reflexive in French but not in English.

Examples:
se dépêcher *(to hurry)*
Je **me** dépêche parce que je suis en retard.
(I'm hurrying because I'm late.)

s'habiller *(to dress oneself, to get dressed)*
Les enfants **s'**habillent vite.
(The children get dressed quickly.)

(1) These are the reflexive pronouns:

	se dépêcher	s'habiller
me	je **me** dépêche	je **m'**habille
te	tu **te** dépêches	tu **t'**habilles
se	il/elle/on **se** dépêche	il/elle/on **s'**habille
nous	nous **nous** dépêchons	nous **nous** habillons
vous	vous **vous** dépêchez	vous **vous** habillez
se	ils/elles **se** dépêchent	ils/elles **s'**habillent

=> Before a vowel or a silent h me, te and se become m', t' and s'.

Exercise A1.
Conjugate the following verbs. (solution p. 143)

1. se laver *(to wash oneself)*
2. s'habituer à qn./qc. *(to get accustomed to s.o./s.th.)*
3. s'en aller *(to go away)*

(2) Position of the pronoun

The reflexive pronoun **is placed before the verb to which it belongs**.
>   *Example:*
>   **se réveiller** *(to wake up, to awake)*
>   Présent: Patrick **se réveille**.
>   Futur proche: Patrick **va se réveiller**.

Other examples with an infinitive as a complement:
>   **s'acheter qc.** *(to buy s.th. for oneself)*
>   Adrien **veut s'acheter** une moto.
>   *(Adrien wants to buy himself a motorbike.)*
>   Nous **voulons nous acheter** un chien.
>   *(We want to buy ourselves a dog.)*

Examples with negation:
>   **se laver** *(to wash oneself)*
>   Le petit garçon **ne se lave pas**.
>   *(The little boy does not wash himself.)*
>   Le petit garçon **ne veut pas se laver**.
>   *(The little boy does not want to wash himself.)*

=> The two parts of the negation (e.g., ne... pas = not) enclose the conjugated verb. If there is a reflexive pronoun before it, it gets enclosed too (see chapter 5, p. 72).

Note: Do you already know the passé composé? Look at chapter 16 C. (p. 186) to learn the particularities of reflexive verbs in compound tenses.

Exercise A2.
Add the verb as indicated. (solution p. 143)

1. Le matin, je _____. (ne pas se dépêcher).
2. Je _____ tard. (se réveiller)
3. Je _____ après mes frères et sœurs. (vouloir toujours s'habiller)
4. Mais demain, je _____. (se dépêcher, futur proche)
5. Je _____ tard. (ne pas se réveiller, futur proche)
6. C'est parce que je _____ pour mon entretien d'embauche. (vouloir se faire beau/belle)

Vocabulary:
le matin *(here: in the morning)*, tard *(late)*, après *(after)*, mes frères et sœurs *(my brothers and sisters)*, demain *(tomorrow)*, parce que *(because)*, se faire beau/belle *(to beautify oneself/to do oneself up)*, un entretien d'embauche *(a job interview;* embaucher qn. *= to take on, to hire s.o.)*

(3) Here is a short list of reflexive verbs:

Some verbs exist solely as reflexive verbs, others have reflexive forms as well as non-reflexive forms.

s'adresser à qn. *(to address s.o.)*
il s'agit de qn./qc. *(it is a matter of s.th./it concerns s.o./it is about s.o./s.th)*
s'aimer *(to love oneself/to love each other)*
s'appeler *(to be called/to call oneself)*
s'arrêter *(to stop)*
se coucher; s'allonger; s'étendre *(to lie down)*
se dépêcher *(to hurry)*
se détester *(to hate oneself/each other)*
s'en aller *(to go away)*
s'envoler *(to fly away)*
s'étonner de qn./qc. *(to be surprised at s.o./s.th.)*
se fiancer avec (or à) qn. *(to become engaged to s.o.)*
s'habituer à qn./qc. *(to get accustomed to s.o./s.th.)*
s'intéresser à qn./qc. *(to be interested in s.o./s.th.)*
se laver *(to wash oneself)*
se lever *(to get up)*
se marier avec qn. *(to marry s.o.)*
se moquer de qn./qc. *(to laugh at s.o./s.th.)*
s'occuper de qn./qc. *(to deal with s.o./s.th. or to look after s.o.; also: s'occuper = to keep oneself busy)*
se promener *(to go for a walk/stroll/ride/drive)*
se retourner *(to turn around)*
se réveiller *(to wake up, to awake)*
se revoir *(to see again, oneself or each other)*
se saluer *(to greet each other)*
se servir de qc. *(to make use of s.th./to use s.th.)*
se souvenir de qn./qc. *(to remember s.o./s.th.)*
se rappeler qn./qc. *(to remember s.o./s.th.)*
se terminer *(to end)*
se tromper *(to be mistaken/wrong)*
se moucher *(to blow one's nose)*

Exercise A3.
Add the verb and the appropriate pronoun. (solution p. 144)

1. Le dimanche, nous _____ au bord de la Seine. (se promener)
2. Est-ce que vous _____ de tante Hortense? (se souvenir de qn./qc.)
3. Les vacances _____ dans trois jours. (se terminer)
4. Est-ce que tu _____ aux courses de vélo? (s'intéresser à qn./qc.)
5. Tu _____ de moi! (se moquer de qn./qc.)
6. Je _____ avec Elodie. (se marier, futur proche)
7. Nous _____. (ne jamais se tromper)
8. Comment est-ce que vous _____? (s'appeler)
9. L'avion _____, et je _____ avec lui. (2x s'envoler)
10. Les voitures _____ au feu rouge. (s'arrêter)

Vocabulary:
le dimanche *(here: on Sundays)*, au bord de la Seine *(along the Seine, a river)*, la tante *(the aunt)*, les vacances *(the holidays)*, la course de vélo *(the cycle race)*, ne... jamais *(never, see 5 B., p. 73)*, un avion *(a plane)*, la voiture *(the car)*, le feu rouge *(the red traffic light)*

B. Reflexive pronouns and the imperative

When pronouns are used with the imperative (see 3 D., p. 35), there is a difference between the negated and the affirmative imperative:

With a negated imperative the pronouns keep the same position as in a clause of statement.
> *Examples:*
> Ne te dépêche pas. *(Do not hurry.)*
> (*Clause of statement:* Tu ne te dépêches pas.)
> Ne vous dépêchez pas.
> (*Clause of statement:* Vous ne vous dépêchez pas.)

With an affirmative imperative the pronoun is placed after the verb and connected with a hyphen; **"te" becomes "toi"**.
> *Examples:*
> Dépêche-**toi**. *(Hurry up.)*
> Dépêchons-**nous**. *(Let's hurry up.)*
> Dépêchez-**vous**. *(Hurry up. Plural or polite sg./pl.)*

Note: This does not apply if the pronoun belongs to an infinitive.
> Va te laver. *(Go and wash yourself.)*
=> "te" does not refer to the imperative of aller, but to laver.

Exercise B1.
Negate the following sentences if they are affirmative and the other way round. (solution p. 144)

1. Pour toute information, ne vous adressez pas à l'accueil.
2. Ne te retourne pas.
3. Ne nous occupons pas de cette affaire.
4. Arrête-toi devant le garage.
5. Lavez-vous les mains.
6. Promenons-nous dans la forêt.

Vocabulary:
pour toute information *(for all information)*, l'accueil *(the reception, the reception desk)*, une affaire *(here: a matter, concern)*, devant *(in front of, before)*, le garage *(the garage)*, la main *(the hand)*, la forêt *(the forest)*

Exercise B2.
Put the appropriate reflexive pronoun in the right position. (solution p. 144)

1. Vous n'avez pas de marteau? _____ servez _____ de cette pierre.
2. Est-ce que vous ne _____ habituez _____ pas à votre nouvel emploi?
3. Il est onze heures. _____ lève ____, fainéant!
4. M. Martineau ____ va ____ acheter ____ une nouvelle veste.
5. ____ souviens____ de ce que je te dis.
6. Tu ____ habilles ____ dans la salle de bains?
7. La maison est facile à trouver, vous n'___ allez ___ pas ____ tromper.
8. Les filles ____ intéressent ____ au théâtre.
9. ____ intéresses-tu ____ au jardinage? *(question with inversion, see 4 D., p. 64)*
10. Ne _____ levez _____ pas trop tard!

Vocabulary:
le marteau *(the hammer)*, la pierre *(the stone)*, le nouvel emploi *(the new job, employment)*, le fainéant *(the lazybones)*, la veste *(the jacket)*, ce que *(what; see 15 C1., p. 171, or 17 B., p. 199)*, te *(you; see 14 A., p. 145)*, je dis => dire qc. à qn. *(to tell s.o. s.th., to say)*, la salle de bains *(the bathroom)*, facile à trouver *(easy to find)*, le théâtre *(the theater)*, le jardinage *(gardening)*, trop tard *(too late)*

Answer Keys

Solutions for A1.

L1. **se laver** *(to wash oneself)*
je me lave
tu te laves
il/elle/on se lave
nous nous lavons
vous vous lavez
ils/elles se lavent

L2. **s'habituer à qn./qc.** *(to get accustomed to s.o./s.th.)*
je m'habitue
tu t'habitues
il/elle/on s'habitue
nous nous habituons
vous vous habituez
ils/elles s'habituent

L3. **s'en aller** *(to go away)*
je m'en vais
tu t'en vas
il/elle/on s'en va
nous nous en allons
vous vous en allez
ils/elles s'en vont

Solutions for A2.

L1. Le matin, je ne me dépêche pas.
L2. Je me réveille tard.
L3. Je veux toujours m'habiller après mes frères et sœurs.
L4. Mais demain, je vais me dépêcher.
L5. Je ne vais pas me réveiller tard.
L6. C'est parce que je veux me faire beau (/belle) pour mon entretien d'embauche.

Solutions for A3.

L1. Le dimanche, nous <u>nous promenons</u> au bord de la Seine.
L2. Est-ce que vous <u>vous souvenez</u> de tante Hortense?
L3. Les vacances <u>se terminent</u> dans trois jours.
L4. Est-ce que tu <u>t'intéresses</u> aux courses de vélo?
L5. Tu <u>te moques</u> de moi!
L6. Je <u>vais me marier</u> avec Elodie.
L7. Nous <u>ne nous trompons jamais</u>.
L8. Comment est-ce que vous <u>vous appelez</u>?
L9. L'avion <u>s'envole</u>, et je <u>m'envole</u> avec lui.
L10. Les voitures <u>s'arrêtent</u> au feu rouge.

Solutions for B1.

L1. Pour toute information, adressez-vous à l'accueil.
L2. Retourne-toi.
L3. Occupons-nous de cette affaire.
L4. Ne t'arrête pas devant le garage.
L5. Ne vous lavez pas les mains.
L6. Ne nous promenons pas dans la forêt.

Solutions for B2.

L1. Vous n'avez pas de marteau? <u>Servez-vous</u> de cette pierre.
L2. Est-ce que vous <u>ne vous habituez pas</u> à votre nouvel emploi?
L3. Il est onze heures. <u>Lève-toi</u>, fainéant!
L4. M. Martineau <u>va s'acheter</u> une nouvelle veste.
L5. <u>Souviens-toi</u> de ce que je te dis.
L6. Tu <u>t'habilles</u> dans la salle de bains?
L7. La maison est facile à trouver, vous <u>n'allez pas vous tromper</u>.
L8. Les filles <u>s'intéressent</u> au théâtre.
L9. <u>T'intéresses-tu</u> au jardinage?
L10. <u>Ne vous levez pas</u> trop tard!

14. Object and adverbial pronouns

A. Object pronouns

A1. Direct object pronouns

Do you remember the basic pattern for main clauses (chap. 3 C., 31)?

$$\textbf{S}\text{ubject} + \textbf{P}\text{redicate} + \textbf{O}\text{bjects (direct => indirect)}$$

Example:
regarder qn./qc. *(to look at s.o./s.th.)*
=> Nadine (S) regarde (P) Patrick (dir. O).

Pronouns take the place of nouns (and other words). In this example you can replace the direct object "Patrick" with a direct object pronoun. Put it before the conjugated verb.
    Example:
    Nadine regarde **Patrick**. *(Nadine looks at Patrick.)*
    => Nadine **le** regarde. *(Nadine looks at him.)*

The direct object pronouns can take the place of **people as well as things.**
    Example:
    Tu cherches **la clé**? *(Are you looking for the key?)*
    => Oui, je **la** cherche. *(Yes, I'm looking for it.)*

These are the direct object pronouns:

	regarder qn./qc.: Nadine regarde quelqu'un.	
me	Nadine **me*** regarde.	*(N. looks at me.)*
te	Nadine **te*** regarde.	*(at you)*
le, la	Nadine **le***/**la*** regarde.	*(at him, her, it)*
nous	Nadine **nous** regarde.	*(at us)*
vous	Nadine **vous** regarde.	*(at you)*
les	Nadine **les** regarde.	*(at them)*

* before a vowel or a silent h: **m'**, **t'** and **l'**

Exercise A1.
(a) Replace the direct object with a direct object pronoun. (solution p. 164)

1. Tu attends Jérémie.
2. Je fais les devoirs.
3. Nous regardons la télé.
4. J'aime la tarte.
5. Vous cherchez les filles.

(b) Add the right direct object pronoun.

6. Est-ce que tu _____ aimes? (me)
7. Nous _____ attendons devant la maison. (you, 2nd p.pl.)
8. Jean-Jacques _____ cherche. (you, 2nd p.sg.)
9. Daniel _____ aide. (us)
10. Je _____ entends. (you, polite)

Vocabulary:
attendre qn./qc. *(to wait for s.o./s.th.)*, les devoirs *(m.; the homework)*, regarder la télé *(to watch TV)*, aimer qn./qc. *(to like s.o./s.th., to love)*, la tarte *(the tart, the pie)*, chercher qn./qc. *(to look/search for s.o./s.th.)*, la fille *(the girl)*, devant *(in front of, before)*, la maison *(the house)*, aider qn. *(to help s.o.)*, entendre qn./qc. *(to hear s.o./s.th.)*

A2. Indirect object pronouns

Remember that indirect objects are objects that come with the preposition "à" (see chapter 3 C., p. 31).

They get replaced with the indirect object pronouns – **but only with people.**
> *Example:*
> Je réponds **à Marc**. *(I respond to Marc.)*
> => Je **lui** réponds. *(I respond to him.)*

The forms of the indirect object pronouns differ from the direct ones only in the third persons.

These are the indirect object pronouns:

	répondre à qn. Frank répond à quelqu'un.	
me	Frank **me*** répond.	*(Frank responds to me.)*
te	Frank **te*** répond.	*(you)*
lui	Frank **lui** répond.	*(him, her)*
nous	Frank **nous** répond.	*(us)*
vous	Frank **vous** répond.	*(you)*
leur	Frank **leur** répond.	*(them)*

* before a vowel or a silent h: **m'** and **t'**

Note: "leur" is invariable. Do not confuse it with the possessive pronouns leur(s) even though they look similar!

To avoid mistakes when choosing an object pronoun, learn new verbs together with their objects and prepositions, e.g., apporter qc. à qn. *(to bring s.o. s.th.).* In this way you will be able to identify the direct (qc.) and the indirect object (à qn.). See 3 C., p. 31.

Exercise A2.
Replace the marked object with the appropriate object pronoun, direct or indirect. (solution p. 164)

1. Mme Favre oublie <u>son sac</u> dans le magasin.
2. La grand-mère raconte une histoire <u>à ses petits-enfants</u>.
3. Le mécanicien répare <u>la voiture</u>.
4. Amélie aime <u>Jonathan</u>.
5. Sébastien téléphone <u>à Michelle</u>.
6. Nicolas aide <u>ses parents</u>.
7. M. Desperaux parle <u>au prof de sa fille</u>.
8. Zoé donne un bonbon <u>à son amie</u>.
9. Je demande un timbre et une enveloppe <u>à l'employé (m.) de la poste</u>.
10. Marcel attend <u>Julie et son frère Xavier</u>.

Vocabulary:
oublier qc. *(to forget s.th.)*, le sac *(the bag)*, dans *(in)*, le magasin *(the shop)*, la grand-mère *(the grandmother)*, raconter qc. à qn. *(to tell s.o. s.th.)*, une histoire *(a story, a tale)*, les petits-enfants *(the grandchildren)*, le mécanicien *(the mechanic)*, réparer qc. *(to repair s.th.)*, la voiture (the car), parler à qn. (to talk to s.o.), donner qc. à qn. (to give s.o. s.th.), une amie (a friend, f.), demander qc. à qn. (here: to ask s.o. for s.th.), un timbre (a stamp), une enveloppe (an envelope), un employé (an employee), attendre qn./qc. (to wait for s.o./s.th.), le frère (the brother)

A3. Position in clauses of statement and questions

(1) Before the conjugated verb

Object pronouns are placed before the conjugated verb. Conjugated verb forms are, e.g., je vais, tu cherches, il fait...

Examples:

Clause of statement:
> Je mange **le sandwich**.*(I'm eating the sandwich.)*
> => Je **le** mange.*(I'm eating it.)*

Question:
> Tu parles **à ta mère**?*(Do you talk to your mother?)*
> => Tu **lui** parles?*(Do you talk to her?)*

***Questions with inversion** (4 D., p. 64):*
> Fais-tu **tes devoirs**? *(Are you doing your homework?)*
> => **Les** fais-tu?*(Are you doing it?)*

> Racontes-tu une histoire **aux enfants**? *(Are you telling the children a tale?)*
> => **Leur** racontes-tu une histoire?   *(Are you telling them a tale?)*

Note:
Do you already know the passé composé? The conjugated part of the verb is in this case the auxiliary verb (avoir or être). See chapter 16 A4., p. 180.
> *Example:*
> J'ai mangé le sandwich. => Je **l'**ai mangé.

(2) Before the infinitive

In sentences with an infinitive, e.g., in the futur proche (chapter 10, p.125) or with an infinitive as a complement (3 I., p. 49), the **pronouns are usually placed before the infinitive.**

> *Examples:*
> Je vais parler **à Marc**. *(I'm going to talk to Marc.)*
> => Je vais **lui** parler.*(I'm going to talk to him.)*

> Isabelle veut aider **ses parents**. *(Isabelle wants to help her parents.)*
> => Isabelle veut **les** aider. *(Isabelle wants to help them.)*

(3) With negation

The two parts of the negation (e.g., ne... pas) enclose the conjugated verb as well as the pronouns in front of it (see chapter 5 D., p. 76, for more details).

> *Examples:*
> Je ne mange pas **le sandwich**.
> => Je ne **le** mange pas. *(I'm not eating it.)*
> Tu ne parles pas **à ta mère**?
> => Tu ne **lui** parles pas? *(Don't you talk to her?)*

> *With an infinitive:*
> Je ne vais pas parler **à Marc**.
> => Je ne vais pas **lui** parler. *(I'm not going to talk to him.)*
> Isabelle ne veut pas aider **ses parents**.
> => Isabelle ne veut pas **les** aider. *(Isabelle does not want to help them.)*

Exercise A3.
Answer the question by replacing the marked object with the appropriate object pronoun. (solution p. 164)

1. Est-ce que tu vas acheter <u>ces chaussures</u>? Non, je...
2. Est-ce que Patrick donne un cadeau <u>à son petit frère</u>? Oui, ...
3. Est-ce que tu <u>m'</u>annonces une bonne nouvelle? Oui, je...
4. Est-ce que tu <u>nous</u> invites? Oui, je...
5. Est-ce que tu veux vendre <u>ta moto</u>? Non, je...
6. Est-ce que vous expliquez l'exercice <u>à vos amis</u>? Oui, nous...
7. Est-ce que vous cherchez <u>vos livres</u>? Non, nous...
8. Est-ce que vous allez regarder <u>ce film</u>? Non, nous...
9. Est-ce que tu peux réparer <u>le grille-pain</u>? Non, je...
10. Est-ce que je peux <u>t'</u>aider? Oui, tu...

Vocabulary:
acheter qc. *(to buy s.th.)*, la chaussure *(the shoe)*, donner qc. à qn. *(to give s.o. s.th.)*, le cadeau *(the gift)*, petit,e *(little)*, le frère *(the brother)*, annoncer qc. à qn. *(to announce s.th. to s.o.)*, une bonne nouvelle *(good news)*, inviter qn. *(to invite s.o.)*, veux => vouloir qc. *(to want s.th.; vouloir faire qc. = to want to do s.th.)*, vendre qc. à qn. *(to sell s.o. s.th.)*, la moto *(the motorbike)*, expliquer qc. à qn. *(to explain s.th. to s.o.)*, un exercice *(an exercise)*, chercher qn./qc. *(to look for/search s.o./s.th.)*, le livre *(the book)*, peux => pouvoir *(can; pouvoir faire qc. = can do s.th., to be able to do s.th.)*, le grille-pain *(the toaster)*, aider qn. *(to help s.o.)*

B. Adverbial pronoun "en"

B1. "en" with quantities and numbers

"En" as a pronoun can replace complements that are expressions of quantities or **indefinite quantities**. Its position in sentences follows the same rules as the object pronouns (see A3.).
(expressions of quantity: 1 C2., indefinite articles: 1 A2., partitive articles: 1 C1.)

Numbers and **expressions of quantity** remain in their former place while you replace whatever they are quantifying. Note that the articles "un/une" are treated like a number.

Examples with numbers:

      J'achète **deux melons** (m.).*(I'm buying two melons.)*
      => J'**en** achète **deux**.   (*I'm buying two of them.*)
      Tu veux **une banane**? *(Do you want a banana?)*
      => Tu **en** veux **une**?   (*Do you want one?*)

Examples with expressions of quantity:

      Je mange **beaucoup de bonbons**. *(I'm eating a lot of sweets.)*
      => J'**en** mange **beaucoup**.   (*I'm eating a lot of them.*)
      Combien de biscuits veux-tu? *(How many biscuits ...?)*
      => **Combien en** veux-tu?   (*How many of them ...?*)
      Il faut **200 grammes de sucre**. *(One needs 200gr of sugar.)*
      => Il **en** faut **200 grammes**.   (*One needs 200gr of it.*)

Because complements with an **indefinite article** or a **partitive article** mark indefinite quantities, they get replaced with "en" as well. Remember that un/une are treated like a number.

Indefinite articles:
Singular:

      Tu veux **une tasse de café**? *(Do you want a cup of coffee?)*
      => Tu **en** veux **une**?   (*Do you want one?*)
      J'achète **un journal**.   *(I'm buying a newspaper.)*
      => J'**en** achète **un**.   (*I'm buying one.*)

Plural:

      J'achète **des pommes**.   *(I'm buying apples.)*
      => J'**en** achète.   (*I'm buying **some**.*)

Remember: Partitive articles are a kind of indefinite articles. They mark indefinite quantities of indefinite, non-countable things, e.g., substances that are measurable only (*Ex.:* de la farine = some flour; see chapter 1 C1., p. 13).

Partitive articles:

J'achète **du sucre**.	*(I'm buying (some) sugar.)*
=> J'**en** achète.	*(I'm buying some.)*
J'achète **de la farine**.	*(I am buying (some) flour.)*
=> J'**en** achète.	*(I am buying some.)*

IMPORTANT: Complements with **definite articles** get replaced with object pronouns! (They do not mark quantities.)

Examples:

Tu veux **la tasse de café**?	*(Do you want the cup of coffee?)*
=> Tu **la** veux?	*(Do you want it?)*
J'achète **le journal**.	*(I'm buying the newspaper.)*
=> Je **l'**achète.	*(I'm buying it.)*
J'achète **les pommes**.	*(I'm buying the apples.)*
=> Je **les** achète.	*(I'm buying them.)*
J'achète **le sucre**.	*(I'm buying the sugar.)*
=> Je **l'**achète.	*(I'm buying it.)*
J'achète **la farine**.	*(I'm buying the flour.)*
=> Je **l'**achète.	*(I'm buying it.)*

Exercise B1.

(a) Replace the marked objects with the right pronoun, "en" or an object pronoun. (solution p. 165)

1. Est-ce que tu as <u>assez de confiture</u>?
2. J'utilise <u>beaucoup d'huile d'olive</u>.
3. Marianne cherche <u>la colle</u>.
4. J'ai <u>de la chance</u>.
5. Je trouve <u>une pièce de monnaie</u>.
6. Je retrouve <u>mes affaires</u>.
7. <u>Combien de timbres</u> voulez-vous?
8. Tu achètes <u>combien de croissants</u>?
9. J'ajoute <u>250ml d'eau</u>.
10. Matthias mange <u>sa banane</u>.

Vocabulary:

assez de (enough), la confiture (jam), utiliser qc. (to use s.th.), l'huile d'olive (f.; the olive oil), la colle (the glue), la chance (the luck), trouver qn./qc. (to find s.o./s.th.), une pièce de monnaie (a coin), retrouver qn./qc. (to find s.o./s.th. again), mes affaires (here: my belongings), combien de...? (how much/many...?), le timbre (the stamp), vouloir qc. (to want s.th.), acheter qc. (to buy s.th.), ajouter qc. (to add s.th.), l'eau (f.; the water)

(b) Add the right pronoun, "en" or an object pronoun.
(solution p. 165)

1. *Madeleine:* «Je dois faire les courses. Nous n'avons plus de lait. Je vais _____ acheter trois litres.»
2. *Pierre:* «C'est vrai. Achète aussi du pain. Il _____ faut au moins trois.»
3. *Madeleine:* «Du pain? Mais il _____ reste d'hier!»
4. *Pierre:* «Le pain d'hier, je _____ ai mangé au petit-déjeuner.»
5. *Pierre:* «Prends aussi des fruits. Julie _____ veut pour l'école. Et un journal de sport.»
6. *Madeleine:* «Ton journal de sport, tu _____ achètes toi-même!»

Vocabulary:

dois => devoir *(to have to, must; devoir faire qc. = to have to/must do s.th.)*, faire les courses *(to go shopping)*, ne... plus de *(not any more, no more)*, le lait *(the milk)*, acheter qc. *(to buy s.th.)*, le litre *(the litre, the liter)*, c'est vrai *(that's true, that's right)*, aussi *(too, as well, also)*, le pain *(the bread)*, il faut qc. *(here: we need s.th.)*, au moins *(at least)*, rester *(here: to be left)*, hier *(yesterday)*, j'ai mangé *(passé composé of* manger qc.*, to eat s.th.)*, le petit-déjeuner *(the breakfast)*, des fruits *(m.; fruits)*, veut => vouloir qc. *(to want s.th.)*, toi-même *(yourself)*

B2. "en" with complements with "de"

"en" also replaces complements with the preposition "de", namely **prepositional objects** (things only) and **adverbial elements of place**.

(a) Verbs and expressions with "de"

A short revision:
You learned in chapter 3 C. that some verbs (and verbal expressions) have objects which connect with the preposition "de".
> *Examples:*
> parler de qc. *(to talk about s.th.)*
> rêver de qc. *(to dream of s.th.)*
> avoir besoin de qc. *(to need s.th.)*

These objects are called prepositional objects because they connect with a preposition (other than "à"). You learned in chapter 2 B. that these objects may be replaced with **disjunctive personal pronouns** – but **people** only! The personal pronouns do not change position when you replace, they remain after their preposition.

Example:

Matthias rêve **de ses parents**.   *(Matthias is dreaming of his parents.)*
=> Matthias rêve **d'eux**.   *(He is dreaming of them.)*

NEW:

If that prepositional object with "de" is a **thing**, it gets replaced with "**en**" – rules of replacement and position are as usual with the object and adverbial pronouns.
Example:

Matthias rêve **de sa moto**.   *(Matthias is dreaming of his motorbike.)*
=> Matthias **en** rêve.   *(He is dreaming of it.)*

More examples:
parler de qc.
Marc parle **de son idée**.   *(Marc talks about his idea.)*
=> Marc **en** parle.   *(Marc talks about it.)*

être content de qc.
Je suis content **de mon travail**. *(I'm happy with my work.)*
=> J'**en** suis content.   *(I'm happy with it.)*
avoir le droit de faire qc.
J'ai le droit **de conduire une voiture**. *(I have the right to drive a car.)*
=> J'**en** ai le droit.   *(I have the right to do it.)*

(b) Places with "de"

Places may also be connected with "de"; in this case they get replaced with "en" as well.

Examples:
Je viens **de Paris**.   *(I'm coming from Paris.)*
=> J'**en** viens.   *(I'm coming from there.)*
Je sors **du bureau**.   *(I'm leaving the office.)*
=> J'**en** sors.   *(I'm leaving it.)*

This is only valid for places with "de"!
Je vais à Paris. => see C1., p. 155

Exercise B2.
(a) Replace the marked words with either "en" or an object pronoun.
(solution p. 165)

1. Je pose une question <u>au prof</u>.
2. J'ai envie <u>d'une mousse au chocolat</u>.
3. Je cherche <u>une idée</u>.
4. Ma mère prépare <u>le petit-déjeuner</u>.
5. Patrick joue <u>de la guitare</u>.
6. Isabelle a besoin <u>d'argent</u>.
7. Mon collègue revient <u>du Brésil</u>.
8. Mes amis parlent <u>de l'école</u>.
9. Tu es content <u>de ta nouvelle voiture</u>?
10. Maurice rend <u>les livres</u> à la bibliothèque.

Vocabulary:
avoir envie de qc. (j'ai envie de... => *I would like..., I wouldn't mind ..., I feel like...*), préparer qc. *(to prepare s.th.)*, avoir besoin de qc. *(to need s.th.)*, l'argent *(m.; the money)*, le collègue *(the colleague)*, le Brésil *(Brazil)*, être content,e de qn./qc. *(to be pleased /happy /satisfied with s.o./s.th.)*, rendre qc. à qn. *(to give s.th. back to s.o.)*

(b) Replace the marked words with the appropriate pronoun, "en" or a disjunctive personal pronoun (2 B., 22). (solution p. 165)

Hint: Is it a thing or a person?

1. Mme Rieux rêve <u>d'une nouvelle vie</u>.
2. Le patron est content <u>de son employé</u>.
3. Max a peur <u>du noir</u>.
4. Max a peur <u>des criminels</u>.
5. Les scientifiques discutent <u>d'une théorie intéressante</u>.
6. Les parents parlent <u>de leurs enfants</u>.
7. Qu'est-ce que tu penses <u>de Véronique</u>?
8. Qu'est-ce que tu penses <u>de cette idée</u>?

Vocabulary:
rêver de qc. *(to dream of s.th.)*, une nouvelle vie *(a new life)*, le patron *(the employer)*, un employé *(the employee)*, avoir peur de qc. *(to be afraid of s.th.)*, le noir *(here: the dark)*, un scientifique *(a scientist)*, discuter de qc. *(to discuss s.th.)*, intéressant,e *(interesting)*, qu'est-ce que tu penses de qn./qc. *(what do you think of s.o./s.th.)*

C. Adverbial pronoun "y"

C1. "y" with places

"y" replaces adverbial elements of place. These may be introduced by, e.g., the prepositions **à, dans, en, sur, sous, devant** etc. In this case the meaning of y is "there".

> *Examples:*
> Je vais **à Paris**. *(I'm going to Paris.)*
> => J'**y** vais.   *(I'm going there.)*
> Marc habite **en France**. *(Marc lives in France.)*
> => Il **y** habite.   *(He lives there.)*
> Le chat est **dans la cuisine**. *(The cat is in the kitchen.)*
> => Le chat **y** est. *(The cat is there.)*
> Le livre est **sur la table**. *(The book is on the table.)*
> => Le livre **y** est. *(The book is there.)*

! EXCEPTION: Places with **"de"** *!*
You learned in 14 B2. that places introduced with "de" are replaced with the adverbial pronoun "en", just like every complement with "de".

> *Examples:*
> Je viens **de Paris**. *(I'm coming from Paris.)*
> => J'**en** viens.   *(I'm coming from there.)*
> Je sors **du bureau**. *(I'm leaving the office.)*
> => J'**en** sors.   *(I'm leaving it.)*

Exercise C1.
Answer the question by replacing the marked object with the appropriate pronoun. (solution p. 166)

1. Est-ce que vous allez <u>à la boulangerie</u>? Oui, nous...
2. Est-ce que le chat descend <u>de l'arbre</u>? Non, il...
3. Veux-tu aller <u>en Angleterre</u> avec moi? Oui, je...
4. Est-ce que mes clés sont <u>dans ta poche</u>? Non, elles...
5. Est-ce que tu manges <u>tes légumes</u>? Non, je ...
6. Sortez-vous <u>du restaurant</u>? Oui, nous...
7. Est-ce que la voiture est <u>devant le garage</u>? Non, elle...
8. Voulez-vous essayer <u>cette robe</u>, madame? Non, je...
9. Est-ce que la maison est <u>sur la colline</u>? Oui, elle...
10. Est-ce tu vas parler <u>à Madeleine</u>? Oui, je...

Vocabulary:

la boulangerie *(the bakery, the baker's shop)*, le chat *(the cat)*, descendre *(to come down)*, un arbre *(a tree)*, l'Angleterre *(f.; England)*, avec *(with)*, la clé *(the key)*, la poche *(the pocket)*, manger qc. *(to eat s.th.)*, les légumes *(m.; vegetables)*, sortir *(to go out, to leave)*, la voiture *(the car)*, le garage *(the garage)*, essayer qc. *(here: to try on)*, une robe *(a dress, a gown)*, la maison *(the house)*, la colline *(the hill)*, parler à qn. (de qc.) *(to talk to s.o. (about s.th.))*

C2. "y" with indirect objects that are things

You learned in A2. that indirect objects get replaced with **indirect object pronouns** – if they are **people**.

> *Example:*
> **répondre à qn.**
> Je réponds **à Marc**. *(I'm responding to Marc.)*
> => Je **lui** réponds. *(I'm responding to him.)*

NEW: If the indirect object is a **thing**, it gets replaced with "**y**". Its meaning in this case is "it".

> *Example:*
> **répondre à qc.**
> Marc répond **à la lettre**. *(Marc responds to the letter.)*
> => Marc **y** répond. *(Marc responds to it.)*

Exercise C2.
Replace with the appropriate pronoun. (solution p. 166)

1. Je pense <u>à mon travail</u>.
2. Pascal écrit une lettre <u>à son ami</u>.
3. Nous allons participer <u>au marathon</u>.
4. Le pharmacien vend <u>des médicaments</u>.
5. Je vais réfléchir <u>à ce problème</u>.
6. Sébastien joue <u>du violon</u>.
7. Les enfants jouent <u>au foot</u>.
8. Il faut réagir <u>à cette insulte</u>!
9. Juliette rend le livre <u>au prof</u>.
10. Vous partagez <u>vos bonbons</u> avec vos amis.

Vocabulary:

penser à qn./qc. *(to think about s.o./s.th.)*, le travail *(the work)*, écrire qc. à qn. *(to write s.o. s.th.)*, une lettre *(a letter)*, participer à qc. *(to participate/to take part in s.th.)*, le pharmacien *(the chemist, the druggist)*, vendre qc. à qn. *(to sell s.o. s.th.)*, le médicament *(the medicine)*, réfléchir à qc. *(to think s.th. over, to think about s.th.)*, jouer d'un instrument *(to play an instrument)*, le violon *(the violin)*, jouer à qc. *(to play s.th.: a game)*, il faut faire qc. *(it is necessary to do s.th., one needs to do s.th.)*, réagir à qc. *(to react to s.th.)*, une insulte *(an insult)*, rendre qc. à qn. *(to give s.th. back to s.o.)*, partager qc. avec qn. *(to share s.th. with s.o.)*

D. Pronouns and the imperative

When pronouns (object, adverbial and reflexive) are used with the imperative (see 3 D., p. 35), there is a difference in position between the negated and the affirmative imperative:

With a negated imperative the pronouns keep the same position as in a clause of statement.
> *Examples:*
> N'y va pas. *(Don't go (there).)*
> (clause of statement: Tu n'y vas pas.)
> Ne me regarde pas. *(Don't look at me.)*
> (clause of statement: Tu ne me regardes pas.)
> Ne lui écris pas. *(Don't write him/her.)*
> (clause of statement: Tu ne lui écris pas.)

With an affirmative imperative the pronoun is placed after the verb and connected with a hyphen; **"me" and "te" become "moi" and "toi".**
> *Examples:*
> Vas-**y**. *(Go (there).)*
> Regarde-**moi**. *(Look at me.)*
> Écris-**lui**. *(Write to him/her.)*
> Prends-**en**. *(Take some.)*
> Aidez-**nous**! *(Help us!)*
> Mouche-**toi**. *(Blow your nose. Reflexive pronouns: chap. 13, 137)*

Note: This does not apply if the pronoun belongs to an infinitive.
> *Example:*
> Va l'aider. *(Go (and) help him/her.)*
=> "l'" refers to aider qn., not to the imperative of aller.

The imperative of the verbs in -er:
You will need to reinsert the -s in the 2nd p.sg. if y or en follows because of the liaison.
> *Example:*
> Vas-y! *(Go! Go there!)*
> Manges-en. *(Eat some (of it).)*

Exercise D.

Negate the following sentences if they are affirmative and the other way round. (solution p. 166)

1. N'y participe pas.
2. Ne m'attends pas.
3. N'en joue pas. (musical instrument)
4. Cherchez-nous.
5. Apprenez-la.
6. Réponds-lui.
7. Ne leur téléphonons pas.
8. Ne m'écris pas.
9. Ne te mets pas en colère.
10. Ne nous parlez pas.

Vocabulary:

participer à qc. *(to participate/to take part in s.th.)*, attendre qn./qc. *(to wait for s.o. /s.th.)*, jouer de qc. *(to play s.th., musical instrument)*, chercher qn./qc. *(to look for s.o./s.th.)*, apprendre qc. *(to learn s.th.;* apprendre qc. à qn. = *to teach s.o. s.th.,)*, répondre à qn. *(to respond/reply to s.o.)*, téléphoner à qn. *(to phone s.o.)*, écrire qc. à qn. *(to write s.o. s.th.)*, se mettre en colère *(to get angry)*

E. Expansion: Which pronoun?

E1. Summary

Which object gets replaced with which pronoun? Let's summarize.

	dir. O. *(qn./qc.)*	ind. O. *(à qn./qc.)*	O. with de *(de qn./qc.)*	prep. O. *(various)*
People	me te le/la nous vous les	me te lui nous vous leur	de moi de toi de lui/d'elle de nous de vous d'eux/elles	avec moi pour toi sur lui/elle sans nous après vous d'eux/elles
Things	me te le/la nous vous les	y	en	

Examples:
direct objects => direct object pronouns (A1., p. 145)
    People: Valérie regarde David. Valérie le regarde.
    Things: Valérie regarde la télé. Valérie la regarde.

indirect objects (people) => indirect object pronouns (A2., p. 146)
    People: Valérie parle à David. Valérie lui parle.

indirect objects (things) => y (C2., p. 156)
    Things: Valérie répond à la lettre. Valérie y répond.
("y" also replaces adverbial elements of place with à, dans... but not with de.
Ex.: Je suis dans la cuisine. J'y suis. See C1., p. 155)

prepositional objects (people) => disjunctive personal pronouns (2 B., p. 22)
    Marc danse avec Amélie. Marc danse avec elle.
    Je compte sur mon ami. Je compte sur lui.
    Nous protestons contre les patrons. Nous protestons contre eux.

prepositional objects with "de" (things) => en (B2., p. 152)

 Things: Jacques rêve d'un vélo. Jacques en rêve.

("en" also replaces numbers and quantities. Ex.: J'achète une banane. J'en achète une. See B1., p. 150)

Vocabulary:

la lettre *(the letter)*, compter sur qn./qc. *(to count on s.o./s.th.)*, protester contre qn./qc. *(to protest against s.o./s.th.)*, le patron *(the employer)*, rêver de qc. *(to dream of s.th.)*, le vélo *(the bicycle)*

Exercise E1.

(a) Replace with the right pronoun. (solution p. 167)

1. J'aide <u>mon ami</u>.
2. Marcel téléphone <u>à Janine</u>.
3. Les enfants jouent <u>au foot</u>.
4. M. Clément oublie <u>ses clés</u>.
5. Je suis content <u>de mon emploi</u>.
6. Le malade a besoin <u>du médecin</u>.
7. Émilie participe <u>au jeu</u>.
8. Le prof donne un devoir <u>aux élèves</u>.
9. Nous partons <u>sans les garçons</u>.
10. Je mange <u>deux croissants</u>.

Vocabulary:

aider qn. *(to help s.o.)*, jouer à qc. *(to play s.th.: a game)*, oublier qn./qc. *(to forget s.o./s.th.)*, être content de qc. *(to be happy /pleased with s.th.)*, un emploi *(a job)*, le malade *(the sick person)*, avoir besoin de qn./qc. *(to need s.o./s.th.)*, le médecin *(the doctor)*, participer à qc. *(to participate/to take part in s.th.)*, le jeu *(the game)*, donner qc. à qn. *(to give s.o. s.th.)*, partir *(to leave, to go away)*, sans *(without)*, manger qc. *(to eat s.th.)*

(b) Form a question with inversion (4 D., 64). (solution p. 167)

Hint: The position of the object or adverbial pronoun does not change!

1. Est-ce que tu la vois?
2. Est-ce qu'il y a du café?
3. Est-ce que tu en veux?
4. Est-ce que vous les cherchez?
5. Est-ce que vous venez avec nous?

E2. Exceptions with "à"

If you have mastered the use of object and adverbial pronouns, you can take a look at the following exceptions.

You have learned that indirect objects that are people get replaced with indirect object pronouns.

> *Example:*
> Je réponds à Damien.   *(I respond to Damien.)*
> => Je lui réponds.   *(I respond to him.)*

NEW:
A few verbs get the disjunctive personal pronouns instead (like prepositional objects).

penser à qn. *(to think of/about s.o.)*
> Je pense à mon père. => Je pense **à lui**.
> *(I'm thinking about my father. => I'm thinking about him.)*

renoncer à qn. *(to give s.o. up)*
> Il renonce à ses enfants. => Il renonce **à eux**.
> *(He is giving his children up. => He is giving them up.)*

faire attention à qn. *(to take care of/to pay attention to s.o.)*
> Je fais attention à grand-mère. => Je fais attention **à elle.**
> *(I take care of grandma. => I take care of her.)*

comparer qn. à qn. *(to compare s.o. with s.o.)*
> Je la compare à Bastien. => Je la compare **à lui**.
> *(I compare her with Bastien. => I compare her with him.)*

être habitué à qn. *(to be used/accustomed to s.o.)*
> Je suis habitué aux enfants. => Je suis habitué **à eux**.
> *(I'm used to children. => I'm used to them.)*

NOTE:
This is only valid for people. With things "y" is needed as usual.
> *Examples:*
> Je pense **au travail**. => J'**y** pense.
> *(I think about the work. => I think about it.)*
> Il renonce **aux vacances**. => Il **y** renonce.
> *(He is giving up (the idea of) holidays. => He is giving it up.)*

Ils font attention **au feu**. => Ils **y** font attention.
(They take care of the fire. => They take care of it.)
Je suis habitué **au bruit**. => J'**y** suis habitué.
(I'm accustomed to noise. => I'm accustomed to it.)

Another typical source of mistakes:
s'intéresser à qn./qc. *(to be interested in s.o./s.th.)*
> *People:*
> Elle s'intéresse aux garçons. => Elle s'intéresse **à eux**.
> *(le garçon = the boy, here rather: the young man)*
> *Things:*
> Il s'intéresse au foot. => Il s'**y** intéresse.
> *(le foot = football)*

This last example is related to a topic for more advanced learners, namely how to combine **two pronouns** (adverbial, object or reflexive) within a sentence. Explained in the Beginner's Edition II and in the Advanced Learner's Edition.

Exercise E2.
Replace with "y" or with a disjunctive personal pronoun.
(solution p. 167)

Hint: Obviously, an infinitive is not a person.

1. M. Landerneau est habitué à travailler beaucoup.
2. Isabelle pense à ses amis.
3. Matthieu fait attention à son petit frère.
4. Pense à acheter du lait.
5. Mme Durand est habituée à son chef.
6. Renonces-tu à venir?
7. Fais attention au four.
8. Tu veux renoncer à tes amis?!

Vocabulary:
être habitué à faire qc. *(to be used to doing s.th.)*, travailler *(to work)*, le petit frère *(the little brother)*, penser à faire qc. *(here: to remember to do s.th.)*, acheter qc. *(to buy s.th.)*, le lait *(the milk)*, le chef *(here: the boss)*, renoncer à faire qc. *(to give up doing s.th.)*, venir *(to come)*, le four *(the oven)*

Answer Keys

Solutions for A1.

(a)
L1. Tu l'attends.
L2. Je les fais.
L3. Nous la regardons.
L4. Je l'aime.
L5. Vous les cherchez.
(b)
L6. Est-ce que tu m'aimes?
L7. Nous vous attendons devant la maison.
L8. Jean-Jacques te cherche.
L9. Daniel nous aide.
L10. Je vous entends.

Solutions for A2.

L1. Mme Favre l'oublie dans le magasin.
L2. La grand-mère leur raconte une histoire.
L3. Le mécanicien la répare.
L4. Amélie l'aime.
L5. Sébastien lui téléphone.
L6. Nicolas les aide.
L7. M. Desperaux lui parle.
L8. Zoé lui donne un bonbon.
L9. Je lui demande un timbre et une enveloppe.
L10. Marcel les attend.

Solutions for A3.

L1. Non, je ne vais pas les acheter.
L2. Oui, Patrick lui donne un cadeau.
L3. Oui, je t'annonce une bonne nouvelle.
L4. Oui, je vous invite.
L5. Non, je ne veux pas la vendre.
L6. Oui, nous leur expliquons l'exercice.
L7. Non, nous ne les cherchons pas.
L8. Non, nous n'allons pas le regarder.

L9. Non, je ne peux pas <u>le</u> réparer.

L10. Oui, tu peux <u>m'</u>aider.

Solutions for B1.

(a)

L1. Est-ce que tu <u>en</u> as <u>assez</u>?

L2. J'<u>en</u> utilise <u>beaucoup</u>.

L3. Marianne <u>la</u> cherche.

L4. J'<u>en</u> ai.

L5. J'<u>en</u> trouve <u>une</u>.

L6. Je <u>les</u> retrouve.

L7. <u>Combien en</u> voulez-vous?

L8. Tu <u>en</u> achètes <u>combien</u>?

L9. J'<u>en</u> ajoute <u>250ml</u>.

L10. Matthias <u>la</u> mange.

(b)

L1. *Madeleine:* «Je dois faire les courses. Nous n'avons plus de lait. Je vais <u>en</u> acheter trois litres.»

L2. *Pierre:* «C'est vrai. Achète aussi du pain. Il <u>en</u> faut au moins trois.»

L3. *Madeleine:* «Du pain? Mais il <u>en</u> reste d'hier!»

L4. *Pierre:* «Le pain d'hier, je <u>l'</u>ai mangé au petit-déjeuner.»

L5. *Pierre:* «Prends aussi des fruits. Julie <u>en</u> veut pour l'école. Et un journal de sport.»

L6. *Madeleine:* «Ton journal de sport, tu <u>l'</u>achètes toi-même!»

Solutions for B2.

(a)

L1. Je <u>lui</u> pose une question.

L2. J'<u>en</u> ai envie.

L3. J'<u>en</u> cherche <u>une</u>.

L4. Ma mère <u>le</u> prépare.

L5. Patrick <u>en</u> joue.

L6. Isabelle <u>en</u> a besoin.

L7. Mon collègue <u>en</u> revient.

L8. Mes amis <u>en</u> parlent.

L9. Tu <u>en</u> es content?

L10. Maurice <u>les</u> rend à la bibliothèque.

(b)

L1. Mme Rieux <u>en</u> rêve.

L2. Le patron est content <u>de lui</u>.

L3. Max en a peur.
L4. Max a peur d'eux.
L5. Les scientifiques en discutent.
L6. Les parents parlent d'eux.
L7. Qu'est-ce que tu penses d'elle?
L8. Qu'est-ce que tu en penses?

Solutions for C1.

L1. Oui, nous y allons.
L2. Non, il n'en descend pas.
L3. Oui, je veux y aller avec toi.
L4. Non, elles n'y sont pas.
L5. Non, je ne les mange pas.
L6. Oui, nous en sortons.
L7. Non, elle n'y est pas.
L8. Non, je ne veux pas l'essayer.
L9. Oui, elle y est.
L10. Oui, je vais lui parler.

=> If it was difficult for you to find the right position for the pronoun, you should review 14 A3., p. 148.

Solutions for C2.

L1. J'y pense. *(a thing, i.e., not a person)*
L2. Pascal lui écrit une lettre. *(a person)*
L3. Nous allons y participer. *(a thing)*
L4. Le pharmacien en vend. *(indefinite quantity; see 14 B1., 150)*
L5. Je vais y réfléchir. *(a thing)*
L6. Sébastien en joue. *(verb with "de"; see 14 B2., 152)*
L7. Les enfants y jouent. *(a thing)*
L8. Il faut y réagir! *(a thing)*
L9. Juliette lui rend le livre. *(a person)*
L10. Vous les partagez avec vos amis. *(direct object)*

Solutions for D.

L1. Participes-y.
L2. Attends-moi.
L3. Joues-en.
L4. Ne nous cherchez pas.
L5. Ne l'apprenez pas.

L6. Ne lui réponds pas.
L7. Téléphonons-leur.
L8. Écris-moi.
L9. Mets-toi en colère.
L10. Parlez-nous.

Solutions for E1.

(a)
L1. Je l'aide.
L2. Marcel lui téléphone.
L3. Les enfants y jouent.
L4. M. Clément les oublie.
L5. J'en suis content.
L6. Le malade a besoin de lui.
L7. Émilie y participe.
L8. Le prof leur donne un devoir.
L9. Nous partons sans eux.
L10. J'en mange deux.

(b)
L1. La vois-tu?
L2. Y a-t-il du café?
L3. En veux-tu?
L4. Les cherchez-vous?
L5. Venez-vous avec nous?

Solutions for E2.

L1. M. Landerneau y est habitué.
L2. Isabelle pense à eux.
L3. Matthieu fait attention à lui.
L4. Penses-y. *(reinsert the -s, see D., p. 158)*
L5. Mme Durand est habituée à lui.
L6. Y renonces-tu?
L7. Fais-y attention.
L8. Tu veux renoncer à eux?!

15. Indirect/reported speech

A. Indirect speech

Speech reported indirectly is introduced with "que/qu'" (= that). Remember to adapt pronouns and verbs to fit the meaning when you transform from direct to indirect speech.

Examples:
Direct speech: Nicolas dit: «**J'ai** faim.»
Indirect speech: Nicolas dit **qu'il a** faim.
(Nicolas says: "I'm hungry." => Nicolas says that he is hungry.)

Direct speech: Nina dit: «Le prof arrive.»
Indirect speech: Nina dit **que** le prof arrive.
(Nina says: "The teacher is coming." => Nina says that the teacher is coming.)

Exercise A.
Transform into indirect speech. (solution p. 173)

1. Patrick dit: «Je vais à l'école.»
2. Isabelle dit: «C'est un exercice facile.»
3. Mme Lebrun dit: «Je prépare un gâteau.»
4. Je dis: «J'aime les croissants.»
5. Les enfants disent: «Nous écoutons de la musique.»
6. Tu dis: «Je cherche mon sac.»
7. Nous disons: «C'est une bonne idée.»
8. Vous dites: «Nous sommes en retard.»
9. M. Dupuis dit: «Ma femme aime le chocolat.»
10. Papa dit: «Le café est froid.»

Vocabulary:
dit => dire *(to say)*, vais => aller *(to go)*, l'école *(f.; the school)*, un exercice *(an exercise)*, facile *(easy)*, préparer qc. *(to prepare s.th.)*, un gâteau *(a cake)*, aimer qn./qc. *(to like s.o./s.th.)*, écouter de la musique *(to listen to music)*, chercher qn./qc. *(to look/search for s.o./s.th.)*, le sac *(the bag)*, bon,ne *(good)*, être en retard *(to be late)*, la femme *(here: the wife)*, froid *(cold)*

B. Indirect questions

B1. Without a question word

With indirect questions **there is no "est-ce que"** (chapter 4 B., 60). An indirect question without a specific question word is introduced with **si/s' (if)**.
Note: It is only before il/ils that si gets shortened to s', but not before elle/elles and on (s'il, s'ils; si elle, si elles, si on).

Examples:
Direct question: Maman demande: «Est-ce que tu as faim?»
Indirect question: Maman demande **si** tu as faim.
(Mummy asks: "Are you hungry?"=> Mummy asks if you are hungry.)

Exercise B1.
Transform into indirect questions. (solution p. 173)

1. Aurélie demande à Damien: «Est-ce que tu aimes les bonbons?»
2. M. Vanneur demande: «Est-ce que vous êtes de Paris?»
3. Je demande à ma sœur: «Est-ce que tu vas au cinéma?»
4. Xavier demande à Nicolas: «Est-ce que tu habites rue Saint-Pierre?»
5. Viviane demande: «Est-ce que quelqu'un a une idée?»

Vocabulary:
demander qc. à qn. *(to ask s.o. s.th.)*, habiter *(to live somewhere, to stay)*, la rue *(the street)*, quelqu'un *(someone)*

B2. With a question word

The question word introduces the indirect question.

Examples:

Direct question: Robert demande: «Comment est-ce que ça va?»
Indirect question: Robert demande **comment** ça va.
(Robert asks: "How are you?" => Robert asks how you are.)

Direct question: Julie demande: «Où est Natalie?»
Indirect question: Julie demande **où** est Natalie.
(Julie asks: "Where is Natalie?" => Julie asks where Natalie is.)

Exercise B2.
Transform into indirect questions. (solution p. 173)

1. Marc demande à Philippe: «Où est-ce que tu habites?»
2. Mme Birrel demande: «Quand est-ce que le train arrive?»
3. Je demande à Zoé: «Quelle couleur est-ce que tu aimes?»
4. Le chef demande à M. Ambroise: «Pourquoi est-ce que vous êtes en retard?»
5. Daniel demande à Nadège: «Comment est-ce que tu t'appelles?»

Vocabulary:
où *(where)*, quand *(when)*, le train *(the train)*, arriver *(to arrive)*, quel,le *(which)*, la couleur *(the colo(u)r)*, le chef *(here: the boss)*, pourquoi *(why)*, être en retard *(to be late)*, comment *(how; here: what is your name?)*, s'appeler *(to be called, to call oneself; je m'appelle... = my name is...)*

C. Expansion

C1. Question words that need to be changed

You probably know the question word "qu'est-ce que" (what?). Maybe you also know the question words "qui est-ce qui/que" (who? whom?) and "qu'est-ce qui" (what? as a subject) – see chap. 4 E1., 66.
These question words have to be adapted slightly for an indirect question.

qui est-ce qui..?   => qui (who)
qui est-ce que..?   => qui (whom)
qu'est-ce qui..?   => **ce qui** (what; as a subject)
qu'est-ce que..?   => **ce que** (what; as an object)

Examples:
Direct: Richard demande: «Qui est-ce qui va m'aider?»
Indirect: Richard demande **qui** va l'aider.
(Richard asks: "Who is going to help me?" => Richard asks who is going to help him.)

Direct: Je demande à Benoît: «Qui est-ce que tu cherches?»
Indirect: Je demande à Benoît **qui** il cherche.
(I ask Benoît: "Whom are you looking for?" => I ask Benoît whom he is looking for.)

Direct: Papa demande à Zazie: «Qu'est-ce que tu fais?»
Indirect: Papa demande à Zazie **ce qu'**elle fait.
(Dad asks Zazie: "What are you doing?" => Dad asks Zazie what she is doing.)

Direct: Le prof demande: «Qu'est-ce qui se passe?»
Indirect: Le prof demande **ce qui** se passe.
(The teacher asks: "What is going on?" => The teacher asks what is going on. se passer => to take place, to happen)

Exercise C1.
Transform into indirect questions. (solution p. 173)

1. Ginette demande: «Qu'est-ce que c'est?»
2. Vanessa demande à Mathilde: «Qui est-ce que tu vas voir?»
3. Je demande aux enfants: «Qu'est-ce qui vous intéresse?»
4. Bastien demande: «Qui est-ce qui vient avec moi?»
5. Christian demande: «Qu'est-ce qu'il y a au déjeuner?»
6. Je demande à Mireille: «Qu'est-ce qui te préoccupe?»
7. Valérie demande à Paulette: «Qui est-ce que tu aimes?»
8. Maman demande: «Qui est-ce qui est au téléphone?»

Vocabulary:
aller voir qn. *(to go and see s.o., to pay s.o. a visit)*, intéresser qn. *(to interest s.o.)*, vient => venir *(to come)*, le déjeuner *(the lunch)*, préoccuper qn. *(to worry s.o., to preoccupy)*

C2. About questions with inversion

With indirect questions there is no inversion (4 D., 64).

Example:
Direct question: Papa demande: «Fais-tu tes devoirs?»
Indirect question: Papa demande si **tu fais** tes devoirs.
(Dad asks: "Are you doing your homework?" => Dad asks if you are doing your homework.)

Watch out when using "que":
Direct: Papa demande: «Que fais-tu?»
Indirect: Papa demande **ce que** tu fais.
(Dad asks: "What are you doing?" => Dad asks what you are doing.)

Note: More advanced learners need to learn the *sequence of tenses* with indirect speech/questions. This is to be found in the Beginner's Edition II and in the Advanced Learner's Edition.

Exercise C2.
Transform into indirect questions. (solution p. 174)

1. Je demande à M. Lebrun: «Comment allez-vous?»
2. Mme Vannier demande: «Quelle heure est-il?»
3. Patrick demande: «Qui est-ce?»
4. Mireille demande: «Que cherches-tu?»
5. La vendeuse demande à la cliente: «Combien de tomates voulez-vous?»
6. Damien demande à son amie: «Quand viens-tu?»
7. M. Barrière demande à M. Vavasseur: «Habitez-vous à Montréal?»
8. Je demande à Vincent: «Est-ce une bonne idée?»
9. Le serveur demande au client: «Désirez-vous un dessert?»
10. La mère demande à la petite fille: «As-tu encore faim?»

Vocabulary:
la vendeuse *(the shop assistant, the saleswoman)*, la cliente *(the customer, f.)*, combien de... *(how many...?)*, le serveur *(the waiter)*, le client *(the customer, m.)*, désirer qc. *(to wish, to want; here:* désirez-vous..? *= would you like..?)*, un dessert *(a dessert)*, encore *(here: still)*, avoir faim *(to be hungry)*

Answer Keys

Solutions for A.

L1. Patrick dit qu'il va à l'école.
L2. Isabelle dit que c'est un exercice facile.
L3. Mme Lebrun dit qu'elle prépare un gâteau.
L4. Je dis que j'aime les croissants.
L5. Les enfants disent qu'ils écoutent de la musique.
L6. Tu dis que tu cherches ton sac.
L7. Nous disons que c'est une bonne idée.
L8. Vous dites que vous êtes en retard.
L9. M. Dupuis dit que sa femme aime le chocolat.
L10. Papa dit que le café est froid.

Solutions for B1.

L1. Aurélie demande à Damien s'il aime les bonbons.
L2. M. Vanneur demande si vous êtes de Paris.
L3. Je demande à ma sœur si elle va au cinéma.
L4. Xavier demande à Nicolas s'il habite rue Saint-Pierre.
L5. Viviane demande si quelqu'un a une idée.

Solutions for B2.

L1. Marc demande à Philippe où il habite.
L2. Mme Birrel demande quand le train arrive.
L3. Je demande à Zoé quelle couleur elle aime.
L4. Le chef demande à M. Ambroise pourquoi il est en retard.
L5. Daniel demande à Nadège comment elle s'appelle.

Solutions for C1.

L1. Ginette demande ce que c'est.
L2. Vanessa demande à Mathilde qui elle va voir.
L3. Je demande aux enfants ce qui les intéresse.
L4. Bastien demande qui vient avec lui.
L5. Christian demande ce qu'il y a au déjeuner.
L6. Je demande à Mireille ce qui la préoccupe.
L7. Valérie demande à Paulette qui elle aime.
L8. Maman demande qui est au téléphone.

Solutions for C2.

L1. Je demande à M. Lebrun comment il va.

L2. Mme Vannier demande quelle heure il est.

L3. Patrick demande qui c'est.

L4. Mireille demande ce que tu cherches.

L5. La vendeuse demande à la cliente combien de tomates elle veut.

L6. Damien demande à son amie quand elle vient.

L7. M. Barrière demande à M. Vavasseur s'il habite à Montréal.

L8. Je demande à Vincent si c'est une bonne idée.

L9. Le serveur demande au client s'il désire un dessert.

L10. La mère demande à la petite fille si elle a encore faim.

16. Passé composé

A. Basics

The passé composé *(passé = past,* composé = *compound)* is your first past tense. It consists of a conjugated auxiliary verb (avoir or être) and a participle, the participe passé.

avoir/être + participe passé

j'ai + regardé
je suis + arrivé(e)

Examples:
Présent:
Aujourd'hui, **je regarde** la télé. *(Today I'm watching TV.)*
Passé composé:
Hier, **j'ai regardé** la télé. *(Yesterday I watched TV.)*

Présent:
Patrick **arrive** aujourd'hui. *(Patrick is arriving today.)*
Passé composé:
Patrick **est arrivé** hier. *(Patrick arrived yesterday.)*

j'	**ai**	**regardé**
tu	**as**	**regardé**
il/elle/on	**a**	**regardé**
nous	**avons**	**regardé**
vous	**avez**	**regardé**
ils/elles	**ont**	**regardé**

je	**suis**	**arrivé(e)***
tu	**es**	**arrivé(e)***
il/elle/on	**est**	**arrivé/ arrivée*/ arrivé(e,s)***
nous	**sommes**	**arrivé(e)s***
vous	**êtes**	**arrivé(e,s)***
ils/elles	**sont**	**arrivés*/ arrivées***

* see 16 B1., p. 182

A1. Participe passé

As usual there are regular forms and some irregular ones that you will have to memorize.

Regular forms:

Verbs ending in –er:	regard**er** => j'ai regard**é**	**(-er => -é)**
Verbs ending in –dre:	entend**re** => j'ai entend**u**	**(-re => -u)**
Verbs ending in –ir:	sort**ir** => je suis sort**i**	**(-ir => -i)**

Most important irregular forms:
(verbs of chapter 3)

avoir:	j'ai **eu**	*I had, I got*
être:	j'ai **été**	*I was*
faire:	j'ai **fait**	*I did*
prendre:	j'ai **pris**	*I took*
mettre:	j'ai **mis**	*I put*
venir:	je suis **venu(e)**	*I came*
tenir:	j'ai **tenu**	*I held*
dire:	j'ai **dit**	*I said*
écrire:	j'ai **écrit**	*I wrote*
lire:	j'ai **lu**	*I read*
devoir:	j'ai **dû**	*I had to*
vouloir:	j'ai **voulu**	*I wanted*
pouvoir:	j'ai **pu**	*I could*
savoir:	j'ai **su**	*I knew*
voir:	j'ai **vu**	*I saw*
connaître:	j'ai **connu**	*I got to know*
boire:	j'ai **bu**	*I drank*
plaire:	j'ai **plu**	*I pleased*
croire:	j'ai **cru**	*I believed*
falloir:	il a **fallu**	*it was necessary*
naître:	je suis **né(e)**	*I was born*
mourir:	je suis **mort(e)**	*I died (I'm dead)*

(The last example shows that the participe passé is sometimes used as an adjective; see chapter 8)

Exercise A1.
Add the participe passé. (solution p. 190)

1. j'ai _____ (faire)
2. tu as _____ (finir)
3. il a _____ (ranger)
4. elle a _____ (répondre)
5. nous avons _____ (être)
6. vous avez _____ (avoir)
7. ils ont _____ (pouvoir)
8. elles ont _____ (dire)
9. il est _____ (aller)
10. il est _____ (venir)
11. il a _____ (lire)
12. elle a _____ (connaître)
13. nous avons _____ (savoir)
14. ils ont _____ (mettre)
15. elles ont _____ (vouloir)
16. j'ai _____ (prendre)
17. tu as _____ (écrire)
18. il a _____ (devoir)
19. elle a _____ (boire)
20. il a _____ (falloir)
21. nous avons _____ (dormir)
22. vous avez _____ (voir)
23. ils ont _____ (appeler)
24. elles ont _____ (croire)
25. tu as _____ (plaire)

A2. Passé composé with "avoir"

Most verbs require "avoir" as auxiliary.

> *Examples:*
> J'**ai écouté** de la musique. *(I listened to music.)*
> Tu **as fait** un gâteau. *(You made a cake.)*
> Il **a mangé** le gâteau. *(He ate the cake.)*
> Nous **avons travaillé**. *(We worked.)*
> Vous **avez fini**? *(Did you finish?/Have you finished?)*
> Ils **ont répondu**. *(They responded.)*

Exercise A2.
Add the verb in the passé composé. (solution p. 190)

1. Hier, Sébastien _____ (manger) dix croissants au petit-déjeuner et il _____ (être) malade.
2. J'_____ (lire) un roman intéressant. L'auteur l'_____ (écrire) il y a deux ans.
3. Nous _____ (apprendre) le français en trois ans.
4. Les passagers _____ (attendre) le train pendant une heure.
5. Tu _____ (mettre) un pull-over rouge.
6. Vous _____ (voir) l'accident?
7. Jacqueline _____ (avoir) une bonne note en anglais.
8. Nous _____ (trouver) une place pour la voiture.
9. Tu _____ (dormir) longtemps.
10. J'_____ (finir) l'exercice.

=> The prepositions in this exercise (il y a, en, pendant) have an exercise of their own in chapter 9 C2., p. 118.

Vocabulary:
hier *(yesterday)*, manger qc. *(to eat s.th.)*, le petit-déjeuner *(the breakfast)*, malade *(sick)*, il y a deux ans *(two years ago)*, apprendre le français *(to learn French)*, en trois ans *(in, within three years)*, le passager *(the passenger)*, le train *(the train)*, pendant une heure *(for an hour)*, mettre qc. *(here: to put on s.th.)*, rouge *(red)*, un accident *(an accident)*, en anglais *(in English)*, une place *(here: a parking space)*, longtemps *(for a long time)*, finir qc. *(to finish s.th.)*, un exercice *(an exercise)*

A3. Passé composé with "être"

A few verbs require "être". **Memorize them!** This is easier to do when you form opposite pairs for at least some of them.

aller *(to go)*   <=> venir *(to come)*
entrer *(to enter)*   <=> sortir *(to leave)*
partir *(to go away)*   <=> arriver *(to arrive)*
monter *(to go up)*   <=> descendre *(to go down)*
naître *(to be born)*   <=> mourir *(to die)*
rester *(to stay, to remain)*
tomber *(to fall)*
devenir *(to become)*
revenir *(to come back/again)*
rentrer *(to return, to go back home, to re-enter)*
retourner *(to return, to go back)*

> *Examples:*
> Xavier est allé au Cameroun. *(Xavier went to Cameroon.)*
> Le prof est tombé dans l'escalier. *(The teacher fell in the staircase.)*
> M. Lavoisier est monté dans le train. *(Mr Lavoisier got on the train.)*

IMPORTANT!
The participe passé with "être" agrees in gender and number with the subject. See B1., p. 182.

Note:
Do you know **reflexive verbs** (chap. 13)? They take "être" as well. See C., p. 186.
> *Examples:*
> se lever => Je me suis levé(e). *(I got up.)*
> se laver => Je me suis lavé(e). *(I washed myself.)*

Note also:
The **passive** is built with être too. Since this is a topic for more advanced learners, see Beginner's Edition II or Advanced Learner's Edition.

Exercise A3.
Être or avoir? Add the right auxiliary. (solution p. 191)

1. Je/J'_____ voulu partir en vacances avec ma moto, mais je/j'_____ tombé et je/j'_____ dû aller à l'hôpital. Cette année, nous _____ restés à la maison.
2. Valérie _____ montée dans le bateau. Bien sûr, elle _____ été malade. Quand le bateau _____ revenu au port, elle _____ vite descendue.

3. Samedi dernier, M. Loiseau _____ allé à Lyon. Il _____ entré dans un restaurant et il _____ commandé un coq au vin. Ensuite, il _____ parti sans payer. Le serveur _____ sorti du restaurant et il _____ crié: «Hé, vous!» M. Loiseau _____ devenu tout rouge. Il _____ retourné dans le restaurant et il _____ dit: «Excusez-moi. Je/J'_____ oublié.»

4. Dimanche, mon grand-père _____ venu nous voir. Il _____ arrivé par le train de 9 heures. Il _____ déjeuné avec nous et il _____ rentré chez lui par le train de 18 heures.

Vocabulary:

partir en vacances *(to go on holiday/vacation)*, la moto *(the motorbike)*, mais *(but)*, l'hôpital *(the hospital)*, cette année *(this year)*, rester à la maison *(to stay at home)*, le bateau *(the boat, the ship)*, bien sûr *(of course)*, malade *(sick/ill; here: seasick)*, quand *(when)*, le port *(the port, the harbo(u)r)*, vite *(quickly, fast)*, samedi dernier *(last Saturday)*, commander qc. *(to order s.th.)*, un coq au vin *(a dish with chicken and wine; le coq = the cock)*, ensuite *(then, afterwards)*, sans payer *(without paying)*, le serveur *(the waiter)*, crier qc. *(to shout s.th.)*, tout rouge *(very, quite red)*, excusez-moi *(sorry, excuse me)*, oublier qc. *(to forget s.th.)*, venir voir qn. *(to come and see s.o., to pay s.o. a visit)*, le train *(the train)*

A4. Position with negation and pronouns

The two parts of the negation enclose the conjugated part of the verb (see 5 D., p. 76). With the passé composé the conjugated part is the auxiliary, i.e., the participe passé does not get enclosed.

> *Examples:*
> Je **n'**ai **pas** répondu à la lettre. *(I did not respond to the letter.)*
> Tu **n'**es **pas** allé à Londres? *(You did not go to London?)*

An exception is the negation "ne... personne" (nobody, no one) which encloses the participe passé as well.

> *Example:*
> Je **n'**ai rencontré **personne**. *(I didn't meet anyone.)*

Pronouns (object and adverbial ones see chapter 14, reflexive ones see chapter 13) are usually placed before the conjugated part of the verb, which is the auxiliary.

> *Example:*
> Patrick a attendu le bus. => Patrick **l'**a attendu.
> *(Patrick waited for the bus. => Patrick waited for it.)*
> Je n'ai pas parlé à Cécile. => Je ne **lui ai** pas parlé.
> *(I did not talk to Cécile. => I did not talk to her.)*

=> For more about this see B2., p. 214, and C., p. 186.

Exercise A4.
Negate the following sentences with ne... pas. (solution p. 191)

1. Olivier a fait attention.
2. Il a mis un tablier.
3. Il a cassé l'œuf avec prudence.
4. L'œuf est tombé dans la poêle comme il faut.
5. Et Olivier a pu manger un œuf sur le plat.

Vocabulary:
faire attention *(here: to be careful;* faire attention à qn./qc. = *to take care of, to look after, to pay attention)*, mettre qc. *(here: to put on s.th.)*, un tablier *(an apron)*, casser qc. *(to break; here: to crack)*, un œuf *(an egg)*, avec prudence *(with caution, cautiously)*, la poêle *(the frying pan)*, comme il faut *(here: just the right way)*, un œuf sur le plat *(a fried egg)*

B. Agreement of the participe passé

B1. Agreement with "être"

A participe passé with "être" **agrees in gender and number with its subject**. Do you remember the adjectives?

feminine: + **e**
plural: + **s***
(* Unless the participe passé already ends with -s, e.g., pris, mis.)

> *Examples:*
> *m.pl.:* Les garçons sont revenus. *(The boys are back /came back.)*
> *f.sg.:* Isabelle est tombée. *(Isabelle fell.)*
> *f.pl.:* Les filles sont parties en voyage. *(The girls are gone on a trip /The girls left for a trip.)*

If the subject contains both genders, the participe passé is m.pl.
> *Example:*
> Isabelle et Julien sont partis.
> *(Isabelle and Julien are gone/went away.)*

Exercise B1.
Add the verb in the passé composé and make it agree.
(solution p. 191)

1. Samedi, Ginette _____ (aller) à la piscine. Elle _____ (nager) pendant trente minutes, ensuite elle _____ (sortir) de l'eau. Elle _____ (rentrer) à la maison et elle _____ (raconter) à sa mère: «Je/J'_____ (rencontrer) Nicole à la piscine. Elle _____ (venir) avec moi et nous _____ (manger) une glace.»
2. Le mois dernier, les garçons _____ (partir) en voyage en Australie. Mais l'avion (m.) _____ (retourner) à l'aéroport. Ce jour-là, tous les avions _____ (rester) au sol. Au bout de deux heures, l'orage s'est calmé et l'avion _____ (pouvoir) s'envoler.
3. Un jour, Fabrice et Laura _____ (entrer) dans un petit bistro sympa. Au bout de cinq minutes, la serveuse _____ (arriver). «Que désirez-vous?» Fabrice _____ (commander) une omelette, mais Laura _____ (ne rien vouloir) manger. Finalement, elle _____ (prendre) un café. La serveuse _____ (revenir) de la cuisine. Elle _____ (buter) contre une chaise et l'omelette (f.) _____ (tomber) par terre avec le café. Il y _____ (avoir) une tache sur le

pantalon de Laura. La serveuse _____ (dire): «Je suis désolée!» Et elle _____ (aller) chercher du savon et un torchon. Heureusement, la tache _____ (partir) sans problème.

Vocabulary:

la piscine *(the swimming pool)*, nager *(to swim)*, ensuite *(then, afterwards)*, l'eau *(f.; the water)*, rentrer à la maison *(to go home)*, raconter qc. à qn. *(to tell s.o. s.th.)*, rencontrer qn. *(to meet s.o.)*, une glace *(an ice cream)*, le mois dernier *(last month)*, partir en voyage *(to go on a trip)*, un avion *(a plane)*, l'aéroport *(m.; the airport)*, ce jour-là *(that day)*, rester au sol *(to remain on ground, to be grounded)*, au bout de ... *(at the end of...)*, un orage *(a thunderstorm)*, se calmer *(to calm down, to die down)*, s'envoler *(to take off, to fly away)*, un jour *(here: one day)*, la serveuse *(the waitress)*, désirer qc. *(to wish, to want s.th.; que désirez-vous? = what can I do for you?)*, commander qc. *(to order s.th.)*, finalement *(finally)*, buter contre qc. *(to trip, to stumble over s.th.)*, par terre *(f.; on the ground)*, la tache *(the stain)*, le pantalon *(the trousers, the pants)*, je suis désolé(e) *(I'm sorry)*, le savon *(the soap)*, le torchon *(the cloth, the dish towel)*, heureusement *(fortunately)*

B2. Agreement with "avoir"

As you already know, the participe passé with "avoir" normally does not agree with anything.

> *Examples:*
> Amélie a mangé une salade. *(Amélie ate a salad.)*
> Les filles ont dansé. *(The girls danced.)*

NEW: If there is a **direct object BEFORE the verb**, the participe passé has to agree with it.
How can a direct object be before the verb? This is the case with, e.g., direct object pronouns (see chapter 14, p. 145).

> *Examples:*
> J'ai **mangé** les biscuits (m.).   *(I ate the biscuits.)*
> => Je **les** ai **mangés**.   *(I ate them.)*
>
> Tu as **vendu** ta moto.   *(You sold your motorbike.)*
> => Tu **l'**as **vendue**.   *(You sold it.)*
>
> Marc a **pris** les photos (f.).   *(Marc took the photos.)*
> => Marc **les** a **prises**.   *(Marc took them.)*

IMPORTANT:
Remember that the direct and indirect object pronouns **me, te, nous, vous** look alike. This is how you check whether a pronoun in a sentence is direct or indirect:

Example:

> Il **m'**a répondu.

Step 1:
Remember (or look up) the "complete" form of the verb. In this case it is "répondre à qn." *(to respond/reply to s.o.).*

Step 2:
Objects with "à qn." are indirect objects. Therefore "m'" has to be an indirect object pronoun. The participe passé does not agree with it.

> *Other examples:*
> Juliette dit:
> «Bastien m'a regardée.» (regarder qn., direct => agreement)
> «Bastien m'a parlé.» (parler à qn., indirect => no agreement)

Note:

There are other direct objects that may be placed before the verb. Among these are the relative pronoun "que" (see chapter 17 A2., p.195), the interrogative adjective "quel + noun" and its pronoun "lequel", the question "combien de + noun" and the interjection "que de + noun". For exercises and examples for more advanced learners see Beginner's Edition II or Advanced Learner's Edition.

Exercise B2.

(a) First add the verb in the passé composé. Then replace the marked object with a pronoun and decide if the participe passé has to agree with it or not. (solution p. 192)

Example: J'_____ (regarder) la télé.
=> (1) J'ai regardé la télé.
=> (2) Je l'ai regardée.

1. Daniel _____ (écouter) la radio.
2. Tu _____ (téléphoner) à Aurélie?
3. Les parents _____ (chercher) les enfants.
4. Le prof _____ (rendre) les cahiers (m.) aux élèves.
5. J'_____ (poser) une question à Zoé.
6. Nous _____ (expliquer) la solution à nos amis.
7. Vous _____ (montrer) vos nouvelles chaussures à vos grands-parents.
8. Ils _____ (aider) leurs amis.

Vocabulary:
écouter la radio *(to listen to the radio)*, les parents *(the parents)*, rendre qc. à qn. *(to give s.th. back to s.o.)*, un cahier *(a notebook)*, expliquer qc. à qn. *(to explain s.th. to s.o.)*, la solution *(the solution)*, la chaussure *(the shoe)*, les grands-parents *(the grandparents)*

(b) Does the participe passé have to agree? (solution p. 192)

1. Nicolas dit aux copains: «Frédéric nous a menti____.»
2. Papa demande aux filles: «Julien vous a aidé____?»
3. Juliette dit: «Maurice m'a raconté___ une histoire.»
4. Benoît dit à son amie: «Je t'ai apporté___ un cadeau.»
5. Nadine dit: «Quelqu'un m'a appelé___.»

Vocabulary:
un copain *(a friend, a pal; f.: une copine)*, mentir à qn. *(to lie to s.o.)*, demander qc. à qn. *(here: to asks s.o. s.th.)*, aider qn. *(to help s.o.)*, raconter qc. à qn. *(to tell s.o. s.th.)*, une histoire *(a story, a tale)*, apporter qc. à qn. *(to bring s.o. s.th.)*, le cadeau *(the gift)*, quelqu'un *(someone)*, appeler qn. *(to call s.o.)*

C. Agreement with reflexive verbs

Reflexive verbs in the passé composé get the **auxiliary "être"**.
> *Example:*
> Olivier s'est habillé. *(Olivier got dressed.)*

EVEN SO their agreement is governed by the **same rules as that of verbs with "avoir"**. Consequently you have to check whether the reflexive pronoun (me, te, se, nous, vous, se) in a given sentence is a direct object or an indirect one.
> *Example:*
> Julie s'est habillée. *(Julie got dressed.)*
> => s' = direct object
> Julie s'est acheté une robe. *(Julie bought herself a dress.)*
> => s' = indirect object

This is how you do it:

Step 1: Remember (or look up) the "complete" form of the verb in its non-reflexive form.

Example 1: **se laver** *(to wash oneself)*

> laver **qn./qc**. *(to wash s.o./s.th.)*
> => Objects without a preposition are direct objects.
> Amélie **s'**est lav**ée**. *(Amélie washed herself.)*
> => Therefore the "s'" in this sentence is a direct object and the participe passé agrees with it: +e as it refers to Amélie.

Example 2: **se parler** *(to talk/speak to each other)*

> parler **à qn**. *(to talk to s.o.)*
> => Objects with "à" are indirect objects.
> Ils **se** sont parlé. *(They talked to each other.)*
> => Therefore the "s'" in this sentence is an indirect object and the participe passé does not agree.

Note:
If there is no non-reflexive form of a verb, the pronoun is always a direct object, with the following exception:

Step 2: If the verb in a given sentence already has a different direct object, then the reflexive pronoun is automatically indirect.

Example:
Elles **se** sont lavées. *(They washed themselves.)*
=> "se" is direct
Elles se sont lavé **les cheveux**.
(They washed their hair.)
=> "les cheveux" is the direct object
=> "se" has to be indirect

Exercise C.
Does the participe passé have to agree? (solution p. 192)

1. Valérie s'est habitué___ à sa nouvelle école.
2. Les filles se sont acheté___ des glaces.
3. Ce matin, Virginie s'est réveillé___ en retard.
4. Mme Duval s'est rappelé___ un rendez-vous.
5. Cécile s'est fiancé___ avec Marcel.
6. Les amis se sont salué___ .
7. Les garçons se sont moqué___ de moi.
8. Alain et Max se sont lavé___ les mains.

Vocabulary:
s'habituer à qn./qc. (*to get accustomed to s.o./s.th.*), s'acheter qc. (*to buy oneself s.th.*), une glace *(an ice cream)*, se réveiller *(to wake up, to awake)*, en retard *(late; as in to be late)*, se rappeler qn./qc. *(to remember s.o./s.th.)*, un rendez-vous *(an appointment)*, se fiancer avec qn. *(to become engaged)*, se saluer *(to greet each other)*, se moquer de qn. *(to laugh at s.o./s.th.)*, la main *(the hand)*

D. Some intransitive verbs with transitive usage

The verbs with "être" **descendre, monter, sortir, rentrer and retourner** are "intransitive", i.e., **they do not have an object**.

transitive = has a direct object
intransitive = does not have an object

These verbs may sometimes be used **with** an object (in a transitive way) – in this case two things occur:
(a) **they now require avoir as an auxiliary**
(b) some of them take on a different meaning

without object => être	with object => avoir
sortir *(to go out)*	sortir qc. *(to take s.th. out)*
monter *(to go up)*	monter qc. *(to take s.th. up)*
descendre *(to go down)*	descendre qc. *(to take s.th. down)*
rentrer *(to go home)*	rentrer qc. *(to take s.th. in)*
retourner *(to go back)*	retourner qc. *(to turn s.th. round or to send s.th. back)*

Examples:
Je **suis** descendu. *(I went down.)*
J'**ai** descendu **les valises**. *(I took the suitcases down(stairs).)*

Je **suis** rentré. *(I went home. /I went back in.)*
J'**ai** rentré **le linge**. *(I took in the laundry.)*

Valérie **est** sortie. *(Valérie went out.)*
Valérie **a** sorti **la voiture** du garage. *(Valérie took the car out of the garage.)*

Je **suis** retourné chez le médecin. *(I went back to the doctor's.)*
J'**ai** retourné **la crêpe**. *(I turned the pancake over.)*

Distinguish:
Je suis descendu par l'escalier. => adverbial element of mode, i.e., by which means I go down *(I went down using the stairs.)*
J'ai descendu l'escalier. => direct object
(I went down the stairs.)

Exercise D.
Add the verb in the passé composé. (solution p. 193)

1. Le chat _____ (descendre) de l'arbre.
2. Les pompiers _____ (descendre) le chat de l'arbre.
3. M. Ponce _____ (monter) ses vieilles affaires au grenier.
4. Mme Ponce _____ (monter) dans un taxi.
5. Aurélie _____ (rentrer) très tard.
6. Fabien _____ (sortir) le chien de la cuisine.
7. M. Duval _____ (retourner) un paquet endommagé à la poste.
8. Ce matin, Fabien _____ (sortir) à neuf heures.
9. Mme Colbert _____ (rentrer) les géraniums dans la maison pour l'hiver.
10. Nous _____ (retourner) à cette boulangerie parce que le pain y est très bon.

Vocabulary:
le chat *(the cat)*, un arbre *(a tree)*, les pompiers *(the fire-fighters, the fire brigade)*, les vieilles affaires *(f.; the old belongings, the old things)*, le grenier *(the attic)*, tard *(late)*, le paquet *(the parcel)*, endommagé *(damaged)*, le géranium *(the geranium, a flower)*, l'hiver *(m.; the winter)*, la boulangerie *(the bakery, the baker's shop)*, le pain *(the bread)*

Answer Keys

Solutions for A1.

L1. j'ai <u>fait</u> (faire)
L2. tu as <u>fini</u> (finir)
L3. il a <u>rangé</u> (ranger)
L4. elle a <u>répondu</u> (répondre)
L5. nous avons <u>été</u> (être)
L6. vous avez <u>eu</u> (avoir)
L7. ils ont <u>pu</u> (pouvoir)
L8. elles ont <u>dit</u> (dire)
L9. il est <u>allé</u> (aller)
L10. il est <u>venu</u> (venir)
L11. il a <u>lu</u> (lire)
L12. elle a <u>connu</u> (connaître)
L13. nous avons <u>su</u> (savoir)
L14. ils ont <u>mis</u> (mettre)
L15. elles ont <u>voulu</u> (vouloir)
L16. j'ai <u>pris</u> (prendre)
L17. tu as <u>écrit</u> (écrire)
L18. il a <u>dû</u> (devoir)
L19. elle a <u>bu</u> (boire)
L20. il a <u>fallu</u> (falloir)
L21. nous avons <u>dormi</u> (dormir)
L22. vous avez <u>vu</u> (voir)
L23. ils ont <u>appelé</u> (appeler)
L24. elles ont <u>cru</u> (croire)
L25. tu as <u>plu</u> (plaire)

Solutions for A2.

L1. Hier, Sébastien <u>a mangé</u> dix croissants au petit-déjeuner et il <u>a été</u> malade.
L2. J'<u>ai lu</u> un roman intéressant. L'auteur l'<u>a écrit</u> il y a deux ans.
L3. Nous <u>avons appris</u> le français en trois ans.
L4. Les passagers <u>ont attendu</u> le train pendant une heure.
L5. Tu <u>as mis</u> un pull-over rouge.
L6. Vous <u>avez vu</u> l'accident?
L7. Jacqueline <u>a eu</u> une bonne note en anglais.
L8. Nous <u>avons trouvé</u> une place pour la voiture.
L9. Tu <u>as dormi</u> longtemps.
L10. J'<u>ai fini</u> l'exercice.

Solutions for A3.

L1. J'ai voulu partir en vacances avec ma moto, mais je suis tombé et j'ai dû aller à l'hôpital. Cette année, nous sommes restés à la maison.
L2. Valérie est montée dans le bateau. Bien sûr, elle a été malade. Quand le bateau est revenu au port, elle est vite descendue.
L3. Samedi dernier, M. Loiseau est allé à Lyon. Il est entré dans un restaurant et il a commandé un coq au vin. Ensuite, il est parti sans payer. Le serveur est sorti du restaurant et il a crié: «Hé, vous!» M. Loiseau est devenu tout rouge. Il est retourné dans le restaurant et il a dit: «Excusez-moi. J'ai oublié.»
L4. Dimanche, mon grand-père est venu nous voir. Il est arrivé par le train de 9 heures. Il a déjeuné avec nous et il est rentré chez lui par le train de 18 heures.

Solutions for A4.

L1. Olivier n'a pas fait attention.
L2. Il n'a pas mis de tablier. (see 1 D., p. 16)
L3. Il n'a pas cassé l'œuf avec prudence.
L4. L'œuf n'est pas tombé dans la poêle comme il faut.
L5. Et Olivier n'a pas pu manger d'œuf sur le plat. (see 1 D.)

Solutions for B1.

L1. Samedi, Ginette est allée à la piscine. Elle a nagé pendant trente minutes, ensuite elle est sortie de l'eau. Elle est rentrée à la maison et elle a raconté à sa mère: «J'ai rencontré Nicole à la piscine. Elle est venue avec moi et nous avons mangé une glace.»
L2. Le mois dernier, les garçons sont partis en voyage en Australie. Mais l'avion est retourné à l'aéroport. Ce jour-là, tous les avions sont restés au sol. Au bout de deux heures, l'orage s'est calmé et l'avion a pu s'envoler.
L3. Un jour, Fabrice et Laura sont entrés dans un petit bistro sympa. Au bout de cinq minutes, la serveuse est arrivée. «Que désirez-vous?» Fabrice a commandé une omelette, mais Laura n'a rien voulu manger. Finalement, elle a pris un café. La serveuse est revenue de la cuisine. Elle a buté contre une chaise et l'omelette est tombée par terre avec le café. Il y a eu une tache sur le pantalon de Laura. La serveuse a dit: «Je suis désolée!» Et elle est allée chercher du savon et un torchon. Heureusement, la tache est partie sans problème.

Solutions for B2.

(a)
L1.
(1) Daniel a écouté <u>la radio</u>.
(2) Daniel <u>l'a écoutée</u>.
L2.
(1) Tu as téléphoné <u>à Aurélie</u>?
(2) Tu <u>lui as téléphoné</u>?
L3.
(1) Les parents ont cherché <u>les enfants</u>.
(2) Les parents <u>les ont cherchés</u>.
L4.
(1) Le prof a rendu <u>les cahiers</u> aux élèves.
(2) Le prof <u>les a rendus</u> aux élèves.
L5.
(1) J'ai posé une question <u>à Zoé</u>.
(2) Je <u>lui ai posé</u> une question.
L6.
(1) Nous avons expliqué <u>la solution</u> à nos amis.
(2) Nous <u>l'avons expliquée</u> à nos amis.
L7.
(1) Vous avez montré vos nouvelles chaussures <u>à vos grands-parents</u>.
(2) Vous <u>leur avez montré</u> vos nouvelles chaussures.
L8.
(1) Ils ont aidé <u>leurs amis</u>.
(2) Ils <u>les ont aidés</u>.

(b)
L1. Nicolas dit aux copains: «Frédéric nous a <u>menti</u>.»
(mentir à qn.)
L2. Papa demande aux filles: «Julien vous a <u>aidées</u>?»
(aider qn.)
L3. Juliette dit: «Maurice m'a <u>raconté</u> une histoire.»
(raconter une histoire à qn.)
L4. Benoît dit à son amie: «Je t'ai <u>apporté</u> un cadeau.»
(apporter un cadeau à qn.)
L5. Nadine dit: «Quelqu'un m'a <u>appelée</u>.»
(appeler qn.)

Solutions for C.

L1. Valérie s'est <u>habituée</u> à sa nouvelle école.
L2. Les filles se sont <u>acheté</u> des glaces (= dir. O.).

L3. Ce matin, Virginie s'est <u>réveillée</u> en retard.
L4. Mme Duval s'est <u>rappelé</u> un rendez-vous (= dir. O.).
L5. Cécile s'est <u>fiancée</u> avec Marcel.
L6. Les amis se sont <u>salués</u>.
L7. Les garçons se sont <u>moqués</u> de moi.
L8. Alain et Max se sont <u>lavé</u> les mains (= dir. O.).

Solutions for D.

L1. Le chat <u>est descendu</u> de l'arbre.
L2. Les pompiers <u>ont descendu</u> le chat (= dir. O.) de l'arbre.
L3. M. Ponce <u>a monté</u> ses vieilles affaires (= dir. O.) au grenier.
L4. Mme Ponce <u>est montée</u> dans un taxi.
L5. Aurélie <u>est rentrée</u> très tard.
L6. Fabien <u>a sorti</u> le chien (= dir. O.) de la cuisine.
L7. M. Duval <u>a retourné</u> un paquet endommagé (= dir. O.) à la poste.
L8. Ce matin, Fabien <u>est sorti</u> à neuf heures.
L9. Mme Colbert <u>a rentré</u> les géraniums (= dir. O.) dans la maison pour l'hiver.
L10. Nous <u>sommes retournés</u> à cette boulangerie parce que le pain y est très bon.

17. Basic relative clauses

A. Relative clauses with qui, que and où

Relative clauses are **subordinate clauses**. They give further information about a part of the main clause, usually a noun. They are introduced with a **relative pronoun**.

> *Example:*
> Cédric a un ami *qui* **habite à New York**.
> *(Cédric has a friend who lives in New York.)*
> Le bus *que* **j'ai pris** a eu un accident.
> *(The bus that I took had an accident.)*

A1. Relative pronoun qui

The relative pronoun "qui" (= who, which, that) **is always the subject of the relative clause.** It is invariable and is used for people as well as for things. It does not get apostrophized.

> *Examples:*
> Jean a une sœur **qui étudie le droit à Lyon**.
> *(Jean has a sister who studies law in Lyon.)*
>
> Je prends le train **qui va à Paris**.
> *(I take the train that goes to Paris.)*

If you look at the relative clauses you will notice that there is no other possible subject in them.

> qui (= S) habite à New York
> qui (= S) va à Paris

Exercise A1.
Transform the marked clause into a relative clause – remember that it is always to be placed after the word to which it refers. (solution p. 203)

Example:
J'ai une amie. <u>Elle habite à Nantes</u>.
=> J'ai une amie qui habite à Nantes.

1. J'ai lu un livre. <u>Il me passionne</u>.
2. Le sportif est blessé. <u>Il a gagné la course</u>.

3. La boutique est très chère. <u>Elle vend ces pantalons à la mode.</u>
4. J'ai trouvé des chaussures. <u>Elles ne me font pas mal aux pieds.</u>
5. Les enfants peuvent aller jouer dehors. <u>Ils ont fini leurs devoirs.</u>

Vocabulary:

passionner qn. *(to fascinate s.o.)*, le sportif *(the sportsman, the athlete)*, blessé *(wounded, hurt)*, gagner qc. *(to win s.th.)*, la course *(the race)*, cher/chère *(expensive)*, vendre qc. à qn. *(to sell s.o. s.th.)*, un pantalon *(trousers, pants)*, à la mode *(fashionable)*, trouver qc. *(to find s.th.)*, une chaussure *(a shoe)*, faire mal aux pieds *(to hurt the feet)*, dehors *(outside)*, finir qc. *(to finish s.th.)*, les devoirs *(the homework)*

A2. Relative pronoun que

The relative pronoun "que" (= whom, which, that) **is always the direct object of the relative clause.** It is invariable and is used for people as well as for things. Before a vowel or a silent h it gets apostrophized to "qu'".

> *Examples:*
>
> J'ai une amie **que j'aime bien.**
> *(I have a friend whom I like quite a lot.)*
>
> Le sandwich **que je mange** n'est plus frais.
> *(The sandwich that I'm eating isn't fresh anymore (it is stale).)*
>
> Le chapeau **qu'elle porte** est très joli.
> *(The hat she is wearing is very pretty.)*

If you look at the relative clauses you will notice that there is already a subject in them.

> que **j'** (= S) aime bien   *(aimer qn.)*
> que **je** (= S) mange   *(manger qc.)*
> qu'**elle** (= S) porte   *(porter qc.)*

Compare:

> J'ai un ami **qui arrive à deux heures.**
> *(I have a friend who is arriving at two o'clock.)*
> J'ai un ami **que je vais voir.**
> *(I have a friend whom I'm going to visit.)*

Exercise A2.
Add "qui" or "que". (solution p. 203)

1. Voilà une voiture _____ me plaît.
2. Le baba au rhum est un gâteau _____ je n'aime pas beaucoup.
3. Le mot _____ David ne comprend pas n'est pas dans le dictionnaire.
4. Regarde. C'est un sac _____ j'ai fait moi-même.
5. Apporte-moi la chaise _____ est dans le salon.
6. La mode est un sujet _____ ce journaliste connaît bien.
7. Le restaurant _____ tu m'as recommandé est formidable.
8. Le restaurant _____ se trouve au coin de la rue n'est pas terrible.
9. M. Guillot parle à un ami _____ il n'a pas vu depuis longtemps.
10. L'ascenseur _____ mène au 5e étage est en panne.

Vocabulary:
plaire à qn. *(to please s.o.)*, le baba au rhum *(the rum baba, a small cake)*, ne...
pas beaucoup *(not particularly, not that much)*, le mot *(the word)*, comprendre
qc. *(to understand s.th.)*, le dictionnaire *(the dictionary)*, le sac *(the bag)*, moi-
même *(myself)*, apporter qc. à qn. *(to bring s.o. s.th.)*, la chaise *(the chair)*, le
salon *(here: the living room)*, la mode *(the fashion)*, un sujet *(a subject, a topic)*,
connaître qn./qc. *(to know s.o./s.th.)*, recommander qc. à qn. *(to recommend s.th.
to s.o.)*, formidable *(amazing, great)*, se trouver *(to be located)*, le coin de la rue
(the street corner), ne pas être terrible *(to be nothing special, to be nothing to
write home about)*, depuis longtemps *(for a long time)*, un ascenseur *(a lift, an
elevator)*, mener à qc. *(to lead to s.th.)*, en panne *(out of order, not working)*

A3. Passé composé in a sentence with que

You learned in chapter 16 B2. that if there is a **direct object BEFORE the verb with "avoir" in the passé composé**, the participe passé agrees with that direct object.

> *Example:*
> J'ai regardé la télé. => Je l'ai regardée.

NEW:
The same applies to "que" which is also a direct object placed before the verb. The agreement depends on the word to which "que" refers.

> *Example:*
> Nous mangeons **la tarte que** j'ai faite.
> *(We are eating the tart/pie that I made.)*
=> "que" refers to "la tarte". Therefore the participe passé gets an -e.

Exercise A3.
Add "qui" or "que" and make the agreement if necessary. (solution p. 203)

1. Voilà la clé _____ M. Marcellin a cherché___ partout.
2. Tu as essayé la recette _____ je t'ai donné___ ?
3. Mme Dutilleul achète les chaussures (f.) _____ elle a vu___ dans la vitrine.
4. Les fleurs (f.) _____ ont poussé___ dans le jardin sont magnifiques.
5. Les cadeaux (m.) _____ vous avez choisi___ me plaisent beaucoup.
6. Parle-moi de la fille _____ t'a donné___ cette idée.

Vocabulary:
chercher qn./qc. *(to look/search for s.o./s.th.)*, partout *(everywhere)*, essayer qc. *(to try s.th.)*, la recette *(the recipe)*, donner qc. à qn. *(to give s.o. s.th.)*, acheter qc. *(to buy s.th.)*, la chaussure *(the shoe)*, la vitrine *(the shop window)*, la fleur *(the flower)*, pousser *(here: to grow)*, le jardin *(the garden)*, magnifique *(wonderful, magnificent)*, le cadeau *(the gift)*, choisir qc. *(to choose s.th.)*, plaire beaucoup à qn. *(to please s.o. a lot)*

A4. Relative pronoun où

"où" as a relative pronoun usually refers to **places**.

> *Examples:*
>
> Voilà la rue **où j'habite**.
> *(Here is the street where I live /I'm living in.)*
>
> La boutique **où Nicole achète ses vêtements** s'appelle «Chez Suzette».
> *(The shop where Nicole buys her clothes is called "Chez Suzette".)*

Compare with:
> La boutique que Nicole aime bien s'appelle «Chez Suzette».
> *(The shop that Nicole likes a lot is called "Chez Suzette".)*
> La boutique qui s'appelle «Chez Suzette» est trop chère.
> *(The shop that is called "Chez Suzette" is too expensive.)*

Exercise A4.
Add qui, que or où. (solution p. 203)

1. Ce château est un endroit lugubre _____ il y a des fantômes.
2. M. Roussel va à Marseille _____ il participe à un congrès.
3. La maison _____ les Duval ont achetée n'est pas très confortable.
4. Voilà la piscine _____ les enfants vont nager le jeudi.
5. La place _____ se trouve au centre du village s'appelle la Place du Marché.
6. Le cinéma _____ Sébastien travaille est fermé le lundi.

Vocabulary:
le château *(the castle)*, un endroit *(a place)*, lugubre *(gloomy)*, un fantôme *(a ghost)*, participer à qc. *(to participate/to take part in s.th.)*, un congrès *(a congress)*, confortable *(comfortable)*, la piscine *(the swimming pool)*, nager *(to swim)*, le jeudi *(here: on Thursdays)*, se trouver *(to be located)*, le village *(the village)*, fermé,e *(closed)*, le lundi *(here: on Mondays)*

B. Relative clauses with ce qui and ce que

The relative pronouns "ce qui" and "ce que" (/ce qu') mean **"what"** or **"that which"**. Maybe you already learned about them in the chapter on indirect questions (15 C1.). As with "qui" and "que", "ce qui" is the subject and "ce que" the direct object of the relative clause.

> *Examples:*
> Je regrette tout **ce qui s'est passé**.
> *(I regret what happened.)*
>
> Je fais **ce que je veux**.
> *(I do what I want.)*
>
> Marcel aide Jacqueline, **ce qu'elle trouve très gentil**.
> *(Marcel helps Jacqueline, which she thinks is very kind.)*

Compare the subjects:
> ce qui (= S) s'est passé (qc. s'est passé)
> ce que **je** (= S) veux   (vouloir qc.)
> ce qu'**elle** (= S) trouve (trouver qc.)

Note:
Now you know the most basic relative clauses. Relative clauses for more advanced learners are to be found in the Beginner's Edition II and in the Advanced Learner's Edition.

Exercise B.
Add ce qui or ce que. (solution p. 204)

1. La police demande au témoin _____ il a vu.
2. Mme Dutilleul m'a invitée à dîner, _____ est très sympa.
3. Dans un journal, je lis _____ m'intéresse.
4. Mon petit frère mange seulement _____ il aime.
5. Nous parlons de _____ s'est passé.
6. J'écoute _____ tu me dis.
7. Le chien du voisin est mort, _____ je trouve triste.
8. Nous réfléchissons à _____ nous allons faire.
9. Vous avez vu _____ est arrivé à Robert?
10. Je finis toujours _____ j'ai commencé.

Vocabulary:

le témoin *(the witness)*, demander qc. à qn. *(to ask s.o. s.th.)*, inviter qn. à dîner *(to invite s.o. to dinner)*, lire qc. *(to read s.th.)*, intéresser qn. *(to interest s.o.)*, manger qc. *(to eat s.th.)*, seulement *(only)*, se passer *(to happen)*, écouter qn./qc. *(to listen to s.o./s.th.)*, dire qc. à qn. *(to say/tell s.o. s.th.)*, le voisin *(the neighbo(u)r)*, mort,e *(dead)*, trouver qc. *(to find s.th.)*, triste *(sad)*, réfléchir à qc. *(to think about s.th.)*, qc. arrive à qn. *(s.th. happens to s.o.)*, finir qc. *(to finish s.th.)*, commencer qc. *(to begin, to start s.th.)*

C. Emphasis with c'est... qui/que

You can put emphasis on a part of a sentence by using "c'est... qui" or "c'est... que".

Example:
Lucien a cassé le vase.
=> **C'est Lucien qui** a cassé le vase.
(It's Lucien who broke the vase.)
Je donne le cadeau à Nicole.
=> **C'est à Nicole que** je donne le cadeau.
(It's Nicole I am giving the gift to.)

You can also emphasize pronouns. To do this you need the disjunctive personal pronouns you learned in chapter 2 B., p. 22.

Examples:
J'ai gagné la course.
=> **C'est moi qui** ai gagné la course.
(It is I who won the race.)
C'est toi qui as gagné la course.
C'est lui qui a gagné la course.
C'est elle qui a gagné la course.
C'est nous qui avons gagné la course.
C'est vous qui avez gagné la course.
Ce sont eux qui ont gagné la course.
Ce sont elles qui ont gagné la course.

(You can use "ce sont" only in the 3rd p.pl. If you do not want to bother, you can keep using "c'est" though, which is more colloquial language. *Ex.:* C'est eux qui ont gagné la course.)

Exercise C.
Emphasize the marked part of the sentence with "c'est... qui/que". (solution p. 204)

1. J'aime <u>Sandrine</u>.
2. <u>François</u> a fait ce gâteau.
3. <u>J'</u>ai réparé la moto.
4. Nous envoyons une carte postale <u>à nos parents</u>.
5. <u>Ils</u> ont trouvé la solution.
6. Tu as oublié <u>les clés</u> (f.).

7. <u>Tu</u> as posé la bonne question.
8. M. Perrault veut partir en vacances <u>avec toute la famille</u>.

Vocabulary:

aimer qn./qc. *(to like s.o./s.th.)*, le gâteau *(the cake)*, réparer qc. *(to repair s.th.)*, la moto *(the motorbike)*, envoyer qc. à qn. *(to send s.o. s.th.)*, la carte postale *(the postcard)*, oublier qc. *(to forget s.th.)*, la clé *(the key)*, poser une question *(to ask a question)*, bon,ne *(here: right)*, vouloir qc. *(to want s.th.)*, partir en vacances *(to go on holiday/vacation)*, avec *(with)*, toute la famille *(the whole family)*

Answer Keys

Solutions for A1.

L1. J'ai lu un livre <u>qui me passionne</u>.
L2. Le sportif <u>qui a gagné la course</u> est blessé.
L3. La boutique <u>qui vend ces pantalons à la mode</u> est très chère.
L4. J'ai trouvé des chaussures <u>qui ne me font pas mal aux pieds</u>.
L5. Les enfants <u>qui ont fini leurs devoirs</u> peuvent aller jouer dehors.

Solutions for A2.

L1. Voilà une voiture <u>qui</u> me plaît.
L2. Le baba au rhum est un gâteau <u>que</u> je n'aime pas beaucoup.
L3. Le mot <u>que</u> David ne comprend pas n'est pas dans le dictionnaire.
L4. Regarde. C'est un sac <u>que</u> j'ai fait moi-même.
L5. Apporte-moi la chaise <u>qui</u> est dans le salon.
L6. La mode est un sujet <u>que</u> ce journaliste connaît bien.
L7. Le restaurant <u>que</u> tu m'as recommandé est formidable.
L8. Le restaurant <u>qui</u> se trouve au coin de la rue n'est pas terrible.
L9. M. Guillot parle à un ami <u>qu'</u>il n'a pas vu depuis longtemps.
L10. L'ascenseur <u>qui</u> mène au 5e étage est en panne.

Solutions for A3.

L1. Voilà la clé <u>que</u> M. Marcellin a <u>cherchée</u> partout.
L2. Tu as essayé la recette <u>que</u> je t'ai <u>donnée</u>?
L3. Mme Dutilleul achète les chaussures <u>qu'</u>elle a <u>vues</u> dans la vitrine.
L4. Les fleurs <u>qui</u> ont <u>poussé</u> dans le jardin sont magnifiques.
L5. Les cadeaux <u>que</u> vous avez <u>choisis</u> me plaisent beaucoup.
L6. Parle-moi de la fille <u>qui</u> t'a <u>donné</u> cette idée.

Solutions for A4.

L1. Ce château est un endroit lugubre <u>où</u> il y a des fantômes.
L2. M. Roussel va à Marseille <u>où</u> il participe à un congrès.
L3. La maison <u>que</u> les Duval ont achetée n'est pas très confortable.
L4. Voilà la piscine <u>où</u> les enfants vont nager le jeudi.
L5. La place <u>qui</u> se trouve au centre du village s'appelle la Place du Marché.
L6. Le cinéma <u>où</u> Sébastien travaille est fermé le lundi.

Solutions for B.

L1. La police demande au témoin <u>ce qu'il</u> a vu.
L2. Mme Dutilleul m'a invitée à dîner, <u>ce qui</u> est très sympa.
L3. Dans un journal, je lis <u>ce qui</u> m'intéresse.
L4. Mon petit frère mange seulement <u>ce qu'il</u> aime.
L5. Nous parlons de <u>ce qui</u> s'est passé.
L6. J'écoute <u>ce que</u> tu me dis.
L7. Le chien du voisin est mort, <u>ce que</u> je trouve triste.
L8. Nous réfléchissons à <u>ce que</u> nous allons faire.
L9. Vous avez vu <u>ce qui</u> est arrivé à Robert?
L10. Je finis toujours <u>ce que</u> j'ai commencé.

Solutions for C.

L1. <u>C'est Sandrine que</u> j'aime.
L2. <u>C'est François qui</u> a fait ce gâteau.
L3. <u>C'est moi qui</u> ai réparé la moto.
L4. <u>C'est à nos parents que</u> nous envoyons une carte postale.
L5. <u>Ce sont eux qui</u> ont trouvé la solution.
L6. <u>Ce sont les clés que</u> tu as oubli<u>ées</u>.
L7. <u>C'est toi qui</u> as posé la bonne question.
L8. <u>C'est avec toute la famille que</u> M. Perrault veut partir en vacances.

Appendix: Learn more irregular verbs

Here is the présent and the passé composé of some more verbs.

	rire	**naître**	**vivre**
je	ris	nais	vis
tu	ris	nais	vis
il/elle/on	rit	naît	vit
nous	rions	naissons	vivons
vous	riez	naissez	vivez
ils/elles	rient	naissent	vivent
p.c.	j'ai ri	je suis né(e)	j'ai vécu

Vocabulary: rire de qc. *(to laugh at s.th.)*, naître *(to be born)*, vivre *(to live);*
N.O.: The 1990 spelling reform permits dropping the ^ before the t: naitre, il nait, etc.

	battre	**mourir**	**conduire**
je	bats	meurs	conduis
tu	bats	meurs	conduis
il/elle/on	bat	meurt	conduit
nous	battons	mourons	conduisons
vous	battez	mourez	conduisez
ils/elles	battent	meurent	conduisent
p.c.	j'ai battu	je suis mort(e)	j'ai conduit

Vocabulary: battre qn./qc. *(to beat s.o./s.th.)*, se battre *(to fight)*, mourir *(to die)*,
conduire qc. *(to drive s.th.)*

	ouvrir	**offrir**	**suivre**
je/j'	ouvre	offre	suis
tu	ouvres	offres	suis
il/elle/on	ouvre	offre	suit
nous	ouvrons	offrons	suivons
vous	ouvrez	offrez	suivez
ils/elles	ouvrent	offrent	suivent
p.c.	j'ai ouvert	j'ai offert	j'ai suivi

Vocabulary: ouvrir qc. *(to open s.th.)*, offrir qc. *(to offer s.th.)*, suivre qn./qc. *(to follow s.o./s.th.)*

	craindre	**fuir**	**courir**
je	crains	fuis	cours
tu	crains	fuis	cours
il/elle/on	craint	fuit	court
nous	craignons	fuyons	courons
vous	craignez	fuyez	courez
ils/elles	craignent	fuient	courent
p.c.	j'ai craint	j'ai fui	j'ai couru

Vocabulary: craindre qn./qc. *(to fear s.o./s.th.)*, fuir qn./qc. *(to flee s.o./s.th.;* s'enfuir = *to escape, to run away)*, courir *(to run)*

	recevoir	**résoudre**	**pleuvoir**
je	reçois	résous	
tu	reçois	résous	
il/elle/on	reçoit	résout	il pleut
nous	recevons	résolvons	
vous	recevez	résolvez	
ils/elles	reçoivent	résolvent	
p.c.	j'ai reçu	j'ai résolu	il a plu

Vocabulary: recevoir qn./qc. *(to receive s.o./s.th., to get)*, résoudre qc. *(to solve s.th., e.g.,* résoudre un problème*)*, pleuvoir *(to rain)*

		(s')asseoir	
j'	assieds		assois
tu	assieds	<=	assois
il/elle/on	assied	TWO	assoit
nous	asseyons	POSSIBLE	assoyons
vous	asseyez	FORMS	assoyez
ils/elles	asseyent	=>	assoient
p.c.	j'ai assis		j'ai assis

Vocabulary: asseoir qn./qc. *(to sit s.o./s.th. down; N.O.:* assoir*)*, s'asseoir *(to sit down (oneself)* => *je me suis assis(e); N.O.:* s'assoir*)*

	s'en aller	se souvenir
je	m'en vais	me souviens
tu	t'en vas	te souviens
il/elle/on	s'en va	se souvient
nous	nous en allons	nous souvenons
vous	vous en allez	vous souvenez
ils/elles	s'en vont	se souviennent
p.c.	je m'en suis allé(e)	je me suis souvenu(e)

Vocabulary: s'en aller *(to go away)*, se souvenir de qn./qc. *(to remember s.o./s.th.)*

Abbreviations

coll.	colloquial
f.	feminine
m.	masculine
N.O.	nouvelle orthographe*
p.	person
p.c.	passé composé
p.p.	participe passé
pl.	plural
qc.	quelque chose *(something)*
qn.	quelqu'un *(someone)*
s.o.	someone
s.th.	something
sg.	singular

*This refers to the 1990 spelling reform, which allows/recommends a different spelling for a very limited number of words. Until recently, adoption of the new spelling of words was variable across the French-speaking world, but its usage is likely to become more widespread.

About the author:
I am a translator and a teacher with a degree in Romance languages and literature (French). French and German are my native languages. I will be producing other books in this series, so please take a look at the website.

Printed in March 2023
by Rotomail Italia S.p.A., Vignate (MI) - Italy